der

GEWÜRZ-KOMPASS

JOCHEN G. BIELEFELD

VORWORT

Am *Würzen erkennt man den Meister, heißt es. Und in der Tat sind Gewürze in der Küche ein Indikator für die Kreativität beim Kochen. Genügen dem einen Pfeffer, Salz und das eckige Würzfläschchen mit dem gelbroten Etikett, sind andere erst dann glücklich, wenn sie aus dem vollen Gewürzregal schöpfen können, um das tägliche Essen phantasievoll veredeln zu können.*

Gewürze *hatten schon immer einen hohen Stellenwert: sie wurden ägyptischen Königen auf die lange Reise ins Jenseits mitgegeben, sie waren sogar Anlass von Kriegen und ihr Wert war zeitweise dem des Goldes gleich. Heute können wir in jedem Supermarkt unter einer Fülle preiswerter exotischer Gewürze auswählen. Diese geben nicht nur den Speisen den gewissen »Kick«, viele ihrer Inhaltsstoffe haben auch eine gesundheitsfördernde Wirkung. Gewürze wirken appetitanregend und verdauungsfördernd, bewahren vor Unwohlsein und Beschwerden nach fettreichem Essen oder bei ungewohnter Küche in fremden Ländern.*

Ob *Aroma, Geschmack oder Gesundheitswert – der Wert der Gewürze ist abhängig von der qualitativen Beschaffenheit. Pflanze, Herkunft, Wirkstoffgehalt, Verarbeitung und die richtige Aufbewahrung sind dabei ausschlaggebende Faktoren. Billig ist dabei nicht preiswert!*

Die *Steckbriefe in diesem Kompass enthalten viele interessante Informationen über die Geschichte und Eigenschaften der Gewürze, Qualitätskriterien für den Einkauf und die Verwendung in der Küche. Entdecken Sie die Welt der Gewürze: die Verwendungstipps und die Rezeptvorschläge zur praktischen Umsetzung machen es Ihnen einfach.*

WAS FINDEN SIE WO?

Kleine Geschichte der Gewürze

Sie waren zeitweilig teurer als Gold – Safran ist es heute noch, sie können bei vielerlei Gebrechen helfen und verfeinern den Geschmack von Speisen.
Die Geschichte der Gewürze reicht zurück bis in die Kulturen der Ägypter vor mehr als 3000 Jahren.
Es ist belegt ist, dass Menschen seit Urzeiten Kräuter und Gewürze ihren Speisen hinzufügen, um diese bekömmlicher oder überhaupt erst genießbar zu machen.
Würzende Samen, Früchte und Kräuter faszinieren die Menschen seit jeher. Wegen ihrer geheimnisvollen Kräfte, die sowohl heilend als auch berauschend wirken können, werden Gewürze seit dem Altertum in der Volksmedizin und auch bei kultischen Handlungen eingesetzt. Heilkundige Druiden, Schamanen und Kräuterweiblein wussten um diese Kräfte der Kräuter, gewannen so mehr Einfluss und wurden von den Menschen verehrt.
Die derzeit immer noch prominenteste »Gewürzheilige« ist Hildegard von Bingen. Sie beschrieb die Wirkungen von Gewürzpflanzen äußerst differenziert, wie z. B. den Ingwer, von dem sie neben vielen positiven Wirkungen auch berichtete, dass sein Genuss »einem gesunden und fetten Menschen schadet, weil er ihn unwissend und unkundig und matt und zügellos macht.«
Nicht nur zügellos machten dagegen gewisse Gewürzpflanzen mit Wirkstoffen – die man heute als Alkaloide kennt – und die man bereits im alten Ägypten, im Orient und bei den Römern zur Erreichung von

Rauschzuständen und auch als Narkotikum bei Operationen der damaligen Zeit nutzte, was bei Überdosierung nicht selten auch zum Tod führte. Diese Wirkungen alkaloidhaltiger Drogen, wie Gewürze und Heilkräuter auch genannt werden, nutzt die moderne Pharmazie zur Herstellung höchst wirksamer Heilmittel, z. B. gegen Herzkrankheiten, gegen starke Schmerzen oder in der Psychiatrie. Wer Zahnschmerzen hat, kann selbst die Erfahrung machen, wie das aromatisch-scharfe ätherische Öl der Gewürznelke schnell und wirksam den Nervenschmerz in der Zahnwurzel stillt.

Gewürze gelten seit dem Altertum auch als bewährte Mittel bei Gesundheitsproblemen, die angesichts der damaligen hygienischen Verhältnisse besonders häufig im Magen-Darm-Bereich auftraten. Besonders der Pfeffer galt als probates Mittel, z. B. gegen die »schwarze Galle«.

In der viel zitierten Klostermedizin des Mittelalters waren es hingegen weniger die exotischen Gewürze wie der Pfeffer, die gegen vielerlei Gebrechen eingesetzt wurden. Da es weder Mönchen noch Nonnen vergönnt war, ins »Land, in dem der Pfeffer wächst« zu reisen, musste man sich mit den gewöhnlichen Heilkräutern aus dem Klostergarten begnügen. Im ältesten deutschsprachigen Kräuterbuch, dem »Hortulus« des Abtes der Benediktinerabtei Reichenau, aus dem Jahre 840, finden sich denn auch unter den 24 erwähnten Gewürz- und Heilpflanzen nur einheimische Gewächse wie Salbei, Wermut, Minze oder Schafgarbe.

Einen festen Platz in der Medizin nehmen ausländische Gewürze seit dem 11. Jahrhundert ein. In einem späteren medizinischen Werk von Constantinus Africanus aus der Medizinschule von Salerno »Liber de gradibus« werden über zweihundert pflanzliche und mineralische Arzneimittel beschrieben.
Als klassisches Kräuterbuch des Mittelalters gilt der »Gart«, das der einstige Gutenberg-Geselle Peter Schöffer 1485 in Mainz herausbrachte. Diese Edition fällt in den Beginn des Hochmittelalters. Damals begann man, die Gewürze auch als Zutat zur Verfeinerung und Hervorhebung des Geschmacks der Speisen immer mehr zu schätzen und setzte sie nicht mehr nur wegen ihrer gesundheitlichen Wirkung ein.

Gewürzhandel im Laufe der Jahrhunderte

Schon im Altertum machten sich Ägypter, Araber, Griechen und Römer zu Schiff nach Indien, dem übrigen Fernost oder Afrika auf, um die wertvollen und begehrten Gewürze nach Europa zu bringen. Amerika wurde nur rein zufällig von Kolumbus entdeckt, weil dieser auf der Suche nach Indien, das wegen seiner Gewürze berühmt war, in die falsche Richtung segelte. Im Logbuch des Weltumseglers Vasco da Gama findet sich die Eintragung: »Wir sind auf der Suche nach Christen und Gewürzen.« Erwähnungen finden Gewürze auch regelmäßig in den antiken Seereisehandbüchern, den so genannten »Periploi«.

Der Gewürzhandel mit Fernost und den Pfeffer- und Nelkeninseln, den Seefahrtsrouten entlang den Küsten des Chinesischen Meers, des Indischen Ozeans und des roten Meers, sowie Karawanenwege und Gewürzstraßen wurde lange Zeit von den Arabern dominiert, die sie gegen Konkurrenz bewachten. Sie waren die Ersten, die die exotischen Gewürze nach Ägypten und später auch nach Mitteleuropa brachten. Dies führte lange Zeit zu der falschen Annahme, dass die Gewürze arabischer Herkunft seien.

Die wertvollen Gewürze waren immer wieder Grund für militärische Aktionen. Die Besitzstände der kostbaren Ware wurden verteidigt und die Ursprungsländer wertvoller Spezereien erobert, um die Märkte und Warenströme möglichst monopolartig zu beherrschen und viel Geld damit zu verdienen. So leitete der portugiesische Seefahrer Vasco da Gama Ende des 15. Jahrhunderts Militär-Expeditionen, um die Vormacht Portugals an der Malabarküste im südlichen Indien, der »Pfefferküste«, zu festigen. In Europa schaltete zur gleichen Zeit Venedig mit kriegerischen Aktionen seine Konkurrenten Genua und Pisa aus und kontrollierte den europäischen Gewürzmarkt.

Kaufmännisch gesehen waren Gewürze eine geradezu ideale Ware. Sie waren leicht, sodass man auf den damaligen Holzschiffen größere Mengen transportieren konnte, und sie wurden – gemessen an ihrer geringen Menge und Seltenheit – zu Höchstpreisen gehandelt.

Letzteres rief auch Betrüger auf den Plan, die Gewürze verfälschten, indem sie billigere Bestandteile unter-

mischten. Safran oder Ingwerpulver wurden gerne mit Kurkuma gestreckt, Curry mit Sägemehl vermischt. Wer Sternanis mit der ähnlich aussehenden Shikimmifrucht ersetzte, nahm sogar den Tod seiner Kunden in Kauf.
Der schwunghafte Fernhandel mit Gewürzen, der bereits im Altertum bei den Römern und Griechen begann, war sozusagen die Vorstufe dessen, was wir heute mit »Globalisierung« bezeichnen. Dieser Handel hatte aber auch eine soziale positive Komponente: durch sein gewaltiges Ausmaß sanken mit der Zeit die Preise, sodass sich auch das »gewöhnliche« Volk exotische Gewürze leisten konnte.

Gewürzhandel heute

Heute kommen Gewürze auf schnellen Frachtschiffen oder per Luftfracht in größeren Mengen zu uns; ihre Begehrtheit ist bei Sorten wie Vanille, Safran oder Nelken jedoch nicht gesunken.
Allerdings muss man auch bereit sein, für gute Gewürzqualität gutes Geld zu zahlen.
Denn viele Gewürze sind auch in unserer Zeit nicht beliebig industriell herstellbar wie manch andere moderne Lebensmittelzutat. Versuche, Gewürze außerhalb ihrer Herkunftsländer plantagenmäßig im Massenanbau zu produzieren, schlugen fehl.

Gewürze in den Länderküchen

Die Küche in Fernost

Erst seit die asiatische Küche bei uns in Mitteleuropa als bekömmliche und abwechslungsreiche Ernährungsform Popularität erlangte, hat sich bei immer mehr Menschen die Erkenntnis durchgesetzt, dass Würzen mehr als Salzen, Pfeffern oder Süßen bedeutet.
Dabei gibt es die asiatische Küche als solche gar nicht. Es ist vielmehr der Oberbegriff für verschiedene Ernährungsformen in der asiatischen Welt.
Die fernöstliche Küche unterliegt größtenteils den verschiedenen traditionellen Einflüssen. So teilt man in der traditionellen chinesischen Ernährungslehre die Speisen in ihrer Wirkung nach dem Yin- (kühlendes Element) und Yang- (wärmendes Element) Prinzip ein. Dies gilt auch für die verwendeten Gewürze.
Die ganzheitliche Gesundheitslehre Ayurveda richtet sich nach verschiedenen menschlichen Grundtypen, den Doshas. Die entsprechenden Gewürze »für jeden Typ« erhält man z. B. in Asienläden.
Populär wurde auch die Ernährungslehre des Japaners Georges Oshawa, die Makrobiotik, deren Grundzüge ebenfalls auf dem Yin- und Yang-Prinzip beruhen. Mit der Makrobiotik sind bestimmte Würzsaucen auf Sojabasis bekannt geworden, die auch bei den Nichtanhängern dieser Lehre in der Küche stehen. Tamari als reine Sojasauce und Shoyu mit geröstetem Getreide, ebenso wie die fermentierte Sojapaste Miso.
Besonders wichtig in der Fernostküche sind Gewürze

mit einem hohen Anteil von Scharfstoffen und ätherischen Ölen, wie Chili, Pfeffer, Koriander, Kurkuma, Knoblauch, Nelken, Ingwer, Paprikapulver und Zimt. Diese Gewürze findet man generell weltweit in Ländern mit warmem oder heißem Klima, weil die enthaltenen desinfizierenden Scharfstoffe einen schnellen Verderb der Speisen und Magen-Darm-Erkrankungen wirksam verhindern. Daher sollten sich Touristen in Fernost auch aus gesundheitlichen Gründen möglichst an die einheimische Küche halten.
Die japanische Küche benutzt sehr viele Gewürze, die auch in der orientalischen und indischen Küche eine Rolle spielen. Dazu kommen die diversenWürzpasten, wie z. B. Miso oder Würzsaucen auf Soja-Gewürzbasis.

Die Indische Küche

Speziell in der indischen Küche nehmen Gewürze und Kräuter einen hohen Stellenwert ein. Dort ist es die individuelle Gewürzmischung, das Masala, das in Indien in fast jeder Familie nach eigener Rezeptur traditionell gemischt wird. Masalas, z. B. Garam Masala, gibt es mittlerweile auch bei uns in jedem Asien-Geschäft. Daneben spielen die diversen Chutneys und andere Gewürzsaucen eine Rolle.
Die weltweit bekannteste indische Würzmischung ist der Curry. Er wurde von den Engländern schon während der Kolonialzeit um den ganzen Globus verteilt; eine der wenigen kulinarischen Leistungen der ehemaligen Weltmacht.

Die mediterrane Küche

Die derzeit wegen ihrer nachgewiesen positiven gesundheitlichen Wirkungen äußerst populäre Mittelmeerküche ist weniger durch die Gastarbeiterfamilien als vielmehr durch den Mittelmeer-Tourismus verbreitet worden. Landestypische Lokale mit griechischer, türkischer, italienischer und spanischer Küche haben diesen Trend in Deutschland noch verstärkt. Ob Pizza und Pasta aus Italien, Döner Kebab aus der Türkei oder Gyros aus Griechenland, Bouillabaise aus Südfrankreich oder Paella aus Spanien, fast bei allen diesen Gerichten stehen Gewürze mit Scharfstoffen im Vordergrund. Paprika, Pfeffer, Kümmel, Knoblauch, Chili, Peperoncini, Koriander oder Safran sorgen für die sprichwörtliche Bekömmlichkeit. Das Quartett Oregano, Rosmarin, Thymian und Salbei verleiht Speisen den Duft von Meer, Sonne und Wind.

Die Küche Mittelamerikas

Vielleicht hat die Einführung des Corana-Biers aus Mexiko in den Szenekneipen zuerst das Interesse an der mittelamerikanischen Küche geweckt. Mittlerweile ist die TexMex-Küche – eine Kombination aus Texas und Mexiko – nicht nur bei den Schönen, Jungen und Reichen zum Dauerbrenner geworden ist. Beherrschende Gewürze der mittelamerikanischen Küche sind alle, die scharf machen: Chilis, Paprikapulver, Pfeffer und Koriander, der allerdings im Ursprungsland meist frisch verwendet wird.

Die Küche Südamerikas

Eine einheitliche Küche gibt es in Südamerika nicht; die Vielfalt ist groß. Die südamerikanische Küche ist teilweise sehr stark durch Afrika beeinflusst, besonders in den Ballungsgebieten der Großstädte. Auch europäische Einflüsse durch frühere Einwanderer finden sich in südamerikanischen Kochtöpfen. Noch heute gilt alles, was aus Europa kommt, als fein und teuer. In den ärmeren Regionen kocht die Bevölkerung – mangels entsprechender Zutaten – einfach und ohne raffinierte Gewürze.
Typische Gewürze der südamerikanischen Küche sind Pfeffer, Chili, Kreuzkümmel, Koriander, Piment, Muskatnuss, Knoblauch und Safran. Daneben werden Gewürzsaucen aus Palmöl, wie z. B. das in Brasilien beliebte scharfe Olio dendé oder Marinaden aus Limetten und Gewürzen verwendet.

Gewürze: Preise und Qualität

Vergleicht man die Preise von Gewürzen in Discountläden, Kaufhäusern und Feinkostgeschäften, so ergibt sich eine weite Spanne. In der Tat sind die Gewürze eine der wenigen Warengruppen im Einzelhandel, bei denen der Preis noch einen Anhaltspunkt für Produktqualität gibt. Gewürze werden nicht verramscht, weder im Supermarkt noch anderswo. Und so manches Schnäppchen auf einem Touristenmarkt in Tunesien, in der Türkei oder Fernost stellt sich später als Reinfall heraus. Der angeblich echte Safran bringt kein Aroma,

weil er mit Krokus oder Kurkuma gestreckt ist, oder die getrocknete Vanilleschote erweist sich als Abfallprodukt aus der Aromafabrik.
Völlig geruchlose schwarze Vanillekrümel findet man vermehrt auch in nahezu allen deutschen Joghurtprodukten mit der Verbraucher täuschenden Aufschrift »mit echter Bourbon-Vanille«. Die schwarzen Körnchen stammen – im Übrigen ganz legal – von vorher entaromatisierten Vanillestangen, also eigentlich von Abfallprodukten. Das Aroma wird durch »natürliches Aroma«, das entgegen der Vermutung nicht aus Vanille stammt, oder durch synthetisches Vanillin »erzeugt«.
Da Gewürze umso besser würzen, je reicher sie an würzenden Wirkstoffen sind, kommt es bei den Rohprodukten auf Qualität an. Dabei spielen Herkunft, die richtige Ernte zur Zeit des größten Wirkstoffgehalts, Trocknung, Mahlvorgang, Verpackung und Lagerung eine große Rolle.
Angesichts des gnadenlosen Preiskampfes im Lebensmittelhandel, wird heute leider auch billige Massenware verkauft. Auch Gewürze mit hohem Preis sind im Prinzip für jeden erschwinglich, wenn man bedenkt, welch geringe Mengen einer guten, würzkräftigen Ware nötig sind, um Speisen die gewünschte Würze oder Verträglichkeit zu verleihen. Letztlich ist das Produkt mit höchster Qualität das billigste für den Verbraucher.

Gewürze und Gesundheit

Die meisten Gewürzpflanzen sind aufgrund ihrer Inhaltsstoffe auch Heilpflanzen, die – bis auf wenige Ausnahmen – ihre volle Wirkung frisch oder als Pflanzenpresssaft am besten entfalten. Beim Trocknen für Kräutertees und Gewürze gehen die flüchtigen ätherischen Öle verloren.

Wirkungen von Gewürzen

Antirheumatisch	Paprika, Chilis, Rosmarin, Senfkörn Ingwer
Appetitanregend	Pfeffer, Koriander, Anis, Fenchel, M katnuss
Bakterienhemmend	Knoblauch, Gewürznelke, Oregano, Thymian, Zimt, Rosmarin, Senfkör Kümmel, Ingwer, Pfeffer, Anis
Blutdrucksenkend	Knoblauch, Zwiebel
Blutfettsenkend	Knoblauch, Artischocke
Durchblutungsfördernd	Rosmarin, Thymian, Wacholder
Galleanregend	Kurkuma, Meerrettich, Schwarzkün mel, Thymian
Husten und Bronchitis	Thymian, Meerrettich, Anis, Fenche Kümmel, Lorbeer
Kreislaufanregend	Paprika, Chili, Pfeffer, Koriander, Vanille
Schweisshemmend	Salbei
Bei Übelkeit und Reisekrankheit	Ingwer
Verdauungsfördernd	Salbei, Anis, Rosmarin, Fenchel, Pfeffer, Curry, Kurkuma, Chili, Kno lauch, Salbei, Oregano

Stabiler sind die Scharfstoffe, wie z. B. das hochwirksame Capsaicin im Pfeffer oder in Chilis und Bitterstoffe in Ingwer, Salbei oder Rosmarin.
Erwartet man von Gewürzen auch eine arzneiliche Wirkung, so sollte man nur sehr gute Qualitäten kaufen. Die in Apotheken, Drogerien und Reformhäusern ausdrücklich als Heilkräuter angebotenen Produkte müssen den Richtlinien der jeweils gültigen Fassung des Deutschen Arzneibuchs entsprechen. Dieses berücksichtigt allerdings nur die arzneilich wirksamen Bestandteile und nicht unbedingt – mit Ausnahme mancher ätherischen Öldrogen – den Würzwert.
Sämtliche Wirkungen der Gewürze, die durch lange traditionelle Anwendung in der Volksheilkunde beobachtet wurden, sind wissenschaftlich noch nicht vollständig nachgewiesen.
Trotzdem haben sich bei vielen Befindlichkeitsstörungen des Alltag, besonders im Magen-Darm-Bereich oder bei Erkältungskrankheiten, Gewürzkräuter sowohl als vorbeugende als auch lindernde Mittel ohne oder nur mit geringen Nebenwirkungen bewährt. Wir haben diese Wirkungen bei den einzelnen Gewürzen unter der Rubrik »Wirkung« aufgeführt. Bitte beachten Sie, dass mitunter Menschen auf einzelne Gewürze und Kräuter allergisch reagieren können.
Manche Pflanzen sind aufgrund ihrer Inhaltsstoffe sogar wirksamer und nebenwirkungsfreier als ihre chemischen Pendants. Knoblauch z. B. ist so stark antibakteriell, dass naturheilkundlich orientierte Ärzte Knoblauchsaft schon erfolgreich gegen leichte Salmo-

nellenerkrankungen verordneten. Bei einer Versuchsreihe an der Kansas State University im letzten Jahr wurde der bakterienhemmende Effekt von Gewürzen eindrucksvoll bewiesen. Untersucht wurden die antimikrobiellen Eigenschaften von Gewürzen auf Krankheitskeime in Hackfleisch und Salami. Das Ergebnis spricht für sich: Durch einen Zusatz von nur 7,5 % Knoblauch- und Nelkenöl konnten 99 % der Keime unschädlich gemacht werden.

Gewürze richtig aufbewahren

Was nützt die beste Rohstoffqualität, wenn die fertige Ware dann falsch gelagert wird, sei es im Einzelhandel, der Gastronomie oder zu Hause in der Küche. Die glasklaren Gewürzgläser mancher Anbieter im Lebensmittelhandel, sind mit Sicherheit nicht das geeignete Behältnis, um die Würzkraft möglichst lange zu erhalten. Einige Wochen unter Neonlicht im Supermarkt können bereits die Qualität, z. B. die Farbe vom Paprika, auch vor Erreichen des so genannten Mindesthaltbarkeitsdatums beeinträchtigen. Also besser Finger weg von durchsichtigen Behältnissen!
Gerade am oder vor allem über dem Herd, sind Gewürze nicht gut aufgehoben. Küchendunst und Feuchtigkeit bringen die Würzkraft von aromatischen Gewürzen – besonders in den beliebten »Gewürzorgeln« über dem Herd in kurzer Zeit auf Null. Nicht immer ist also der Gewürz-Hersteller schuld, wenn das Essen fad schmeckt.

Richtiger Umgang mit Gewürzen

- Keine Gewürze in durchsichtigen Gläsern kaufen, sondern nur in braunen Gläsern oder lichtundurchsichtigen Packungen. Gewürze sind lichtempfindlich, besonders was Farbe und Würzkraft angeht.
- Gewürze immer in kleinen Mengen kaufen. Dies gilt besonders für aromatische Gewürze.
- Keine großen Nachfüllpackungen kaufen. Hier lässt die Frische schneller nach als in der kleineren Originalpackung
- Wo immer möglich, frische Produkte verwenden. Das ist z. B. bei Knoblauch, Meerrettich oder Gewürzkräutern wichtig.
- Bei aromatischen Kräutern mit ätherischen Ölen möglichst ganze Ware (z. B. Pfeffer- oder Senfkörner, Zimtstangen) kaufen und in einer geeigneten Gewürzmühle oder im Mörser kurz vor der Verwendung zerkleinern.
- Nur beste Qualitäten kaufen. Bei den kleinen Mengen ist Sparsamkeit fehl am Platz.

Was gibt dem Gewürz die Würze?

In Gewürzpflanzen findet sich eine Fülle von natürlichen Inhaltsstoffen, deren Menge und Qualität von verschiedenen Faktoren bestimmt werden. Es ist einmal die Pflanzenart selbst (z. B. Bitterstoffdrogen), zum anderen sind es Faktoren wie Standort, Klima, Anbau, Ertrag und die Art der Weiterverarbeitung. Bei den Gewürzen unterscheidet man verschiedene Wirkstoffgruppen, welche die würzende und gesundheitliche Wirkung der einzelnen Gewürze bestimmen. Dazu gehören beispielsweise ätherische Öle, Bitter- und Scharfstoffe.

Ätherische Öle

Das sind aromatische Substanzen der Pflanze, vor allem enthalten in Blüten und Blättern, die in der Lage sind, in die Luft (Äther) überzugehen. Was beim Zimt, bei den Nelken, dem Kümmel oder beim Knoblauch duftet, das sind ätherische Öle. Sie wirken desinfizierend, keimwidrig, stoffwechsel- und verdauungsanregend und haben durch ihr Aroma sogar einen Einfluss auf die Psyche. Man verwendet solche Öle deshalb heute in der so genannten Aromatherapie, einer alternativen Heilmethode in der modernen Psychotherapie.
Ätherische Öle kommen in den Gewürzpflanzen nie einzeln, sondern als Stoffgemische aus Terpenen, Phenolen, Säuren, Aldehyden, schwefelhaltigen Verbindungen (z. B. Senföle) und stickstoffhaltigen Substanzen vor. Einige dieser Gruppen bezeichnet man auch als Sekundäre Pflanzenstoffe. Diese sind auch für vielfältige Gesundheitswirkungen zuständig. Hier ist die Forschung noch lange nicht an ihrem Ende angelangt.
Ätherische Öle gehen bei der Lagerung von getrockneten Pflanzen und Gewürzen durch natürliche Verdunstung allmählich verloren. Dieser Vorgang wird beschleunigt, wenn die Gewürze gemahlen oder pulverisiert sind und im Geschäft oder in der Küche falsch aufbewahrt wurden (nicht luftdicht verschlossen oder dem Licht ausgesetzt). Deshalb sollte man aromatische Gewürze immer nur in kleinen Mengen kaufen oder als ganze Körner und dann jeweils frisch mahlen oder im Mörser zerstoßen.

Ätherischer Ölgehalt ausgewählter Gewürze (schwankt abhängig von Qualität und Herkunft)	
Gewürznelken	14–20%
Muskatnuss	5,1–14%
Muskatblüte	4–13%
Piment	3–10%
Kardamom	3–12%
Kümmel	2–6%
Pfeffer	1–4%
Lorbeerblätter	0,8–3%

Bitterstoffe

Diese Substanzen sind leicht zu erkennen, denn sie schmecken wie sie heißen. Man geht davon aus, dass die Natur sie geschaffen hat, um die Tiere davon abzuhalten, bestimmte Pflanzen aufzufressen. Viele Bitterstoffe sind übrigens ab einer bestimmten Menge giftig. Der bittere Geschmack führt aber meist zu Brechreiz und Übelkeit und stellt so einen natürlichen Schutzmechanismus dar. Bitterstoffe, die im Übermaß genossen gefährlich werden können, gehören meist zur Wirkstoffgruppe der Alkaloide, wie auch das bitter schmeckende Koffein im Kaffee oder das Chinin in der Chinarinde. Bitterstoffe wirken verdauungsfördernd und stoffwechselanregend (speichel- und gallenanregend) und machen schwere Speisen besser verträglich. Das erklärt die Wirksamkeit von Magenbitter: sie enthalten Bitterstoff-Gewürze. Allerdings sollten Magenbitter eine Viertelstunde vor und nicht nach dem Essen getrunken werden, damit sie die Speichel- und Galleproduktion anregen können, bevor das Essen kommt.

Scharfstoffe

Scharfstoffe sind eigentlich nicht schmeckbar, denn die Zunge kann nur die vier Zustände süß, sauer, salzig und bitter wahrnehmen. Scharfstoffe setzen nicht an den Geschmackspapillen an, sondern reizen die Nervenenden des »nervus trigeminus«, der die Eindrücke an die Nasenschleimhaut übermittelt. Die Folge ist verstärkte Bildung und Absonderung von Tränenflüssigkeit und Sekret der Nasenschleimhaut. Die englische Bezeichnung »hot«, weist noch auf eine andere Wirkung der Scharfstoffe hin: Sie reizen die Thermorezeptoren, was zu einer starken Durchblutung der äußeren Blutgefäße führt, mit der Folge einer starken Wärmeabgabe. Das erklärt das Schwitzen im Gesicht nach dem Genuss von sehr scharfen Speisen. Die Scharfstoffe haben noch weitere gesundheitliche Wirkungen:
Das **Capsaicin** in Chili und Paprika wirkt gefäßerweiternd und hautreizend. Der in Ingwer enthaltene Scharfstoff **Gingerin** regt die Speichel- und Magensaftbildung stark an. Das **Piperin** im Pfeffer wirkt entzündungshemmend, schweißtreibend und fiebersenkend. In Kurkuma, Hauptbestandteil von Currymischungen, wirkt der Scharfstoff **Zantorrhizol** antibakteriell und fördert den Gallenfluss. Das im Knoblauch enthaltenen **Allicin** ist ein natürliches Antibiotikum, das gegen schädliche Bakterien und Pilze wirkt, ohne nützliche Keime zu beeinträchtigen.
Die desinfizierende Wirkung der Scharfstoffe und z. T. der ätherischen Öle ist auch der Grund, warum in wärmeren Ländern, in denen der Verderb von Lebensmit-

teln schneller vor sich geht, schärfer gekocht wird und große Mengen von Knoblauch, Zwiebeln, Koriander, Nelken, Zimt, Ingwer oder Paprika verwendet werden.

Farbstoffe

Bekanntlich isst auch das Auge mit. Schon immer hat man daher auch nach Gewürzen gesucht, die den Speisen ein angenehmes oder auch besonderes Aussehen geben. Bekannte Farbstoffgewürze sind Safran, das schon im Kinderlied »den Kuchen geel« macht, das billigere Kurkuma im Curry oder das rote Paprikapulver, das nicht nur das Paprikaschnitzel appetitlicher ausschauen lässt.

Alkaloide

Damit werden Inhaltsstoffe bezeichnet, die beim Stoffwechsel der Pflanzen gebildet werden. Sie sind besonders in Blättern, Früchten und der Rinde enthalten. Viele von ihnen (z. B. Strychnin, Solanin, Aconitin) können schon in kleinsten Mengen giftig wirken. Durch diese natürlichen Schutzstoffe wird die Pflanze vor dem Gefressenwerden durch Tiere bewahrt. Beim Menschen können Alkaloide ab einer bestimmten Menge Rausch- oder Vergiftungserscheinungen hervorrufen, wie z. B. durch das in der Muskatnuss enthaltende Myristicin. Pflanzen-Alkaloide werden in der modernen Medizin als hochwirksame Arzneimittel verwendet, wie z. B. Chinin, Morphin, Aconitin. Bestimmte Alkaloide, wie Nikotin und Morphin, machen süchtig.

Wie Qualität entsteht

Der Anteil an würzenden Bestandteilen ist das Hauptkriterium für Gewürzqualität. Besonders bei hocharomatischen Gewürzen wie Zimt, Vanille, Kardamom, Fenchel oder Nelken sind das ätherische Öle (s. S. 18). Sie sind extrem empfindlich gegenüber Sauerstoff und Lichteinfluss, z. B. durch falsche Verarbeitung und Lagerungsfehler. Daher ist bei den Lieferanten qualitativ hochwertiger Produkte die Kontrolle der Gewürze vom Ursprungsland bis zur Abfüllung eine wichtige Voraussetzung. Anbau, Ernte und Trocknung im Ursprungsland wirken sich auf den Anteil und die Qualität würzender Inhaltsstoffe aus. Entscheidend ist auch die hygienische Beschaffenheit. Die Belastung von Paprikapulver mit Salmonellen in den Kartoffelchips eines namhaften Markenherstellers, die vor einigen Jahren für Schlagzeilen sorgte, kam durch Verunreinigungen im Ursprungsland zustande.

Begast und bestrahlt?

Gewürze, die aus warmen fernen Ländern per Schiff nach Europa importiert werden, sind weitaus stärker der Gefahr des Verderbs durch Mikroorganismen, Schimmelpilze oder tierische Schädlinge, wie Käfer, Motten oder Milben, ausgesetzt, als solche, die in unseren Breiten angebaut werden. Besonders Billigware, die aus Kostengründen weniger streng ausgewählt und kontrolliert wird, ist betroffen.
Gerade für die Fleischindustrie sind Gewürze, die mit Mikroorganismen kontaminiert sind, eine »tickende

Zeitbombe«. In Wurst oder Fertiggerichten verarbeitet, finden die Keime einen optimalen Nährboden; ein Grund, warum die Fleischindustrie seit Jahren eine – bisher bei uns noch verbotene – allgemeine Zulassung der Bestrahlung von Gewürzen mit radioaktiven, so genannten ionisierenden Strahlen fordert.
Es sind im Wesentlichen zwei Methoden, die der Abtötung von Schädlingen in Gewürzen dienen, die Begasung und die Bestrahlung.

Die Begasung

Hierbei werden die Gewürze mit der Chemikalie Methylethylen begast, wodurch sämtliche tierischen Schädlinge getötet werden.

Die Bestrahlung

Die Methode, Lebensmittel mit Hilfe ionisierender Strahlen, die radioaktiven Strahlen entsprechen, zu reinigen, ist nach wie vor äußerst umstritten. Dieses Verfahren ist in vielen Ländern Europas erlaubt, in Deutschland ist es allerdings (noch!) verboten.
Was die gefährlichen Mycotoxine (Pilzgifte), wie etwa Aflatoxin und Ochratoxin angeht, die von Schimmelpilzen gebildet werden, und unter Umständen sogar Krebs auslösen können, so ist die Bestrahlung nutzlos. Die Gammastrahlen töten lebende Mikroorganismen zwar ab, nicht jedoch deren Stoffwechselprodukte.
Dem Verbraucher bleibt nichts anderes übrig als sich auf Kontrollen der renommierten Gewürzhersteller zu verlassen und die Finger von unbekannter Billigware zu lassen.

Anatto (Bixa orellana L.)

Herkunft: Amazonas, Mittel- und Südamerika, Karibik

Verwendete Pflanzenteile: Samenkörner (Achotesamen, Orleanstrauch)

Inhaltsstoffe: Farbstoff Bixin, ätherisches Öl

Angeboten als: Körner, Pulver

Geruch: Angenehm veilchenartig

Geschmack: Würzig, nach Veilchen

Verwendung: Zum Färben von Speisen wie Butter, Kuchen, Teigwaren, Reisgerichten, ergibt kräftig gelb-orang Farbe (wie Cheddar-Käse)

Einkaufstipp: Anatto gibt es vereinzelt oder auf Bestellung in Apotheken und neuerdings auch an Gewürzstände auf Märkten und in Exotik-Läden.

Aussehen: Unregelmäßige dreikantige, an einer Seite zugespit flache rote Samen, ca. 4 mm lang und 3 mm breit n Längsfurche

Anwendungstipps: Ganze Körner im Mörser zerstampfen. Stark färber daher sparsam verwenden.

Wirkung: In der Volksheilkunde zum Färben von Arzneien

Interessante Infos: Viele Käse (z. B. Cheddar, Edamer) sowie gelbe Lik und Spirituosen werden mit öligen oder alkoholisc Auszügen von Anatto gefärbt, da der Farbstoff unb denklich und äußerst stabil ist.

Anatto-Reis

Zutaten (4–6 Personen)

5 EL Öl
2 TL Anattosamen
350 g Reis
600–700 ml Fleisch- oder Gemüsebrühe (Instant)
Salz

Zubereitung:

Das Öl erhitzen und die Anattosamen darin bei schwacher Hitze 5 Min. ziehen lassen, bis das Öl eine schöne orange Farbe angenommen hat. Das Öl durch einen Kaffeefilter in einen Schmortopf gießen und erhitzen. Den Reis darin unter Rühren glasig werden lassen. Die Brühe angießen (einen Rest zurückbehalten), aufkochen lassen und den Reis zugedeckt bei schwacher Hitze 20 Min. quellen lassen. Eventuell den Rest der Brühe dazugeben. Wenn der Reis gar ist, abschmecken und nach Belieben salzen. Der Reis passt ideal zu exotischen Fleischragouts, aber auch zu Gemüse und Currygerichten, etwa zum Indischen Lammragout von Seite 29.

ANIS (Pimpinella anisum L.)

Herkunft: Mittelmeerländer, Vorderasien, Russland, Indien, Mittel- und Südamerika

Verwendete Pflanzenteile: Reife getrocknete ganze Samen

Inhaltsstoffe: Ätherisches Öl (Anisöl), Zimtsäure, Eiweiß, Zucker

Angeboten als: Anisfrüchte ganz, gemahlen

Aussehen: 3–6 mm lange und ca. 2 mm breite Spaltfrüchte mi 5 Längsrippen. Blassgrün bis braungelb

Geruch: Aromatisch-würzig

Geschmack: Aromatisch, süßlich-würzig, leicht scharf, lakritzar

Verwendung: Backwaren, Brotgewürz, sparsam bei Süßspeisen u Quarkgerichten, Weihnachtsplätzchen

Wirkung: Appetitanregend, verdauungsfördernd, verhütet Blähungen, bakterien- und virenhemmend, in der Volksheilkunde eingesetzt bei Erkältungen, ganze Anissamen bei Durchfällen. Nach schweren Mahlzeiten wurden im Mittelalter Anisfrüchte gekaut bzw. als Anisplätzchen gegessen.

Einkaufstipp: Wie alle Gewürze mit ätherischem Öl als Wirkstoff kleinen Mengen immer frisch kaufen.

Anwendungstipps: Anisfrüchte vor der Verwendung im Mörser zerstar fen oder brechen, damit das ätherische Öl austreter kann. Anis hat starke Würzkraft, deshalb vorsichtig verwenden.

Historisches: Anis wurde bereits 1600 v. Chr. in den Schriften von Diskurides und Plinius erwähnt. Die Benediktinermönche brachten die Anispflanze um 800 n. Chr. na Mitteleuropa. Anis ist auch Grundstoff von Likören Mittelmeerraum (z. Bsp. Pastice, Pernod).

REZEPT

nishörnchen

Zutaten (für 12 Hörnchen)

400 g Mehl
2 TL gemahlener Anis
abgeriebene Schale von 1 unbehandelten Zitrone · 1/8 l Milch · 60 g Butter
60 g Zucker · 1 Würfel Hefe (42g)
50 g Rosinen
2 EL Milch zum Bestreichen

Zubereitung:

Das Mehl mit dem Anis und der Zitronenschale mischen. Die Milch mit der Butter und dem Zucker leicht erwärmen, dann die Hefe hineinbröckeln und gut verrühren. Die Milch zum Mehl geben und alles mit den Knethaken des Handrührgerätes zu einem glatten Teig verarbeiten. Den Teig an einem warmen Ort zugedeckt auf etwa die doppelte Größe aufgehen lassen, nochmals durchkneten und zu einer Rolle formen. Die Rosinen waschen und trockentupfen. Die Teigrolle in 12 gleich große Stücke schneiden, jedes Stück dreieckig 3 mm dick ausrollen, mit einigen gewaschenen Rosinen bestreuen und von der breiten Seite zur Spitze aufrollen. Zu Hörnchen formen, auf ein mit Backpapier ausgelegtes Blech legen, mit Milch bestreichen, nochmals 20 Min. gehen lassen. Inzwischen den Backofen auf 200° vorheizen. Die Anishörnchen in 12 Min. (Mitte, Umluft 175°) goldgelb backen.

ASANT (Ferula asafoetida L.)

Herkunft: Iran, Afghanistan, Russland (Sandwüsten)

Verwendete Pflanzenteile: An der Luft ausgehärteter Milchsaft der oberen Wurzel

Inhaltsstoffe: Schwefelhaltiges ätherisches Öl, Harze, Gummisto Spuren von Vanillin

Angeboten als: Getrocknete rundliche oder tropfenförmige Körn einer gelblich-rötlichen bis bräunlichen Masse ve klebt (Asantstücke), auch gemahlen

Aussehen: Gelblich-rote bis braunrote Masse mit kleinen Körnern

Geruch: Ähnlich wie Knoblauch, nur aufdringlicher bis wi lich, verfliegt beim Kochen

Geschmack: Bitter, lange anhaltend, knoblauchähnlich

Verwendung: Im Orient zum Würzen von Hammelfleisch (auch Konservierung), als Wurstgewürz, zu Reisgerichte

Wirkung: Desinfizierend, früher als krampflinderndes und r venberuhigendes Mittel eingesetzt, auch in der ay vedischen Medizin bekannt

Einkaufstipp: Wird im Orient in drei Sorten angeboten: Chadda (beste), Ching (normale), Schabandi (mindere Qualität).

Anwendungs-tipp: Sehr sparsam verwenden, am besten Gefäße inner nur bestreichen.

‹disches Lammragout

Zutaten (4 Personen)

1/2 TL gemahlener Asant · 1 kleine getrocknete Chilischote · 1 TL Kreuzkümmel
1 kg Lammfleisch aus der Keule ohne Knochen · 2 EL Butterschmelz · 2 EL frisch gehackter Ingwer · 1 gehackte Knoblauchzehe · 250 g Joghurt · Salz · 1 TL getrockneter Oregano · 2 TL Garam Masala

Zubereitung:

Asant in 2 TL heißem Wasser auflösen. Die Chilischote zusammen mit dem Kreuzkümmel im Mörser zerstoßen. Das Fleisch in gulaschgroße Würfel schneiden, im heißen Butterschmalz von allen Seiten anbraten. Fleischsud in eine Schale abgießen. Die vorbereiteten Gewürze, Joghurt, Asant, Salz und Oregano zum Fleisch geben. Bei milder Hitze 15 Min. garen, gelegentlich umrühren. Wenn die Joghurt-Gewürzmischung eingekocht ist, 150 ml Wasser bzw. den Fleischsud dazugeben, umrühren und alles weitere 1 1/2 Std. schmoren lassen. Immer wieder umrühren. Immer wieder kleine Portionen Wasser dazugeben, wenn die Garflüssigkeit nicht auszureichen scheint. Das Lammragout mit Salz und Garam Masala abschmecken. Servieren Sie Reis dazu, zum Beispiel den Anatto-Reis von Seite 25.

B

BOCKSHORNKLEE (Trigonella foenum graecum

Herkunft: Östliche Mittelmeerländer, Kleinasien, Alpen, Ukr Indien, Äthiopien, VR China, Argentinien

Verwendete Pflanzenteile: Reife, getrocknete Samen

Inhaltsstoffe: Ätherische Öle, Flavonoide, Bitterstoffe, fettes Öl

Angeboten als: Samen

Aussehen: Flache rautenförmige bräunliche Samen, ähnelt ir Form einem Bockshorn

Geruch: Würzig nach Fleischbrühe bis aufdringlich

Geschmack: Bitter (verliert sich beim Erwärmen), würzig

Verwendung: Brotgewürz (Alpenländer), zur Herstellung von Kräuterkäse oder Kräuterbutter. Zu Fischgerichte und kräftigen Suppen und Eintöpfen. Gibt Rührei den letzten Pfiff.

Wirkung: Appetitanregend, verdauungsfördernd, in der Volksheilkunde als Appetitanregungsmittel, im O als Aphrodisiakum

Einkaufstipp: Wie alle Gewürze mit ätherischem Öl als Wirkstof kleinen Mengen immer frisch kaufen.

Anwendungstipps: Wegen der starken Würzkraft und dem unglaubli »Durchsetzungsvermögen« nur sehr sparsam ver den! Vor der Verwendung kurz anrösten oder mit chen, damit sich der starke Geruch verliert. Bockshornkleesamen können auch zum Herstelle von aromatischen Keimlingen benutzt werden. Be manchen Süßspeisen gibt er den Aroma-Kick – a besten ausprobieren!

Historisches: Bockshornkleesamen wurde im alten Ägypten als Grabbeigabe benutzt (z. B. im Grab Tutanchamun Nach Europa kam das Gewürz im 9. Jahrhundert. Geröstet werden die Bockshornkleesamen in Chi Russland, in arabischen Ländern und der Türkei als Kaffeeersatz verwendet.

Überbackene Kartoffelsuppe

Zutaten (4 Personen)

500 g mehlig kochende Kartoffeln
2 Stangen Lauch · 1 Zwiebel · 100 g Kresse
3 EL Öl · 1 l Gemüsebrühe
1 1/2 TL gemahlener Bockshornklee · Salz
weißer Pfeffer · Muskatnuss
1 TL getrockneter Kerbel
2 EL saure Sahne
4 Scheiben Toastbrot
100 g Emmentaler, frisch gerieben

Zubereitung:

Die Kartoffeln schälen, waschen und in kleine Würfel schneiden. Den Lauch waschen und in dünne Scheiben schneiden. Die Zwiebel schälen und in Würfel schneiden. Die Kresse waschen und klein schneiden, einen Teil zur Seite legen. Das Öl in einem Topf erhitzen, den Lauch und die Zwiebel glasig dünsten, dann die Kartoffeln hinzufügen und mit anbraten. Die Kresse kurz mit anbraten. Mit der Gemüsebrühe aufgießen und alles zum Kochen bringen. Die Suppe zugedeckt bei mittlerer Hitze 20 Min. köcheln lassen, bis die Kartoffeln weich sind. Die Suppe mit dem Pürierstab fein pürieren, mit den Gewürzen abschmecken und die saure Sahne dazugeben. Das Toastbrot toasten. Die Suppe in backofenfeste Suppentassen geben und jeweils mit einer Toastscheibe belegen. Den Käse darüber verteilen und 5 Min. im Backofen überbacken. Vor dem Servieren die restliche Kresse auf die Suppentassen verteilen.

CASSIA (Cinnamomum aromaticum NEES)

Herkunft:	Südchina, Laos, Vietnam, Sumatra, Java, Japan
Verwendete Pflanzenteile:	Rinde unter der Korkschicht des Zimtbaums
Inhaltsstoffe:	ätherisches Öl (chin. Zimtöl), Limonen, Gerbstoff, Zucker Harz
Angeboten als:	Stangen, gemahlen
Aussehen:	Hellbraun, mit helleren Längsstreifen durchzogen
Geruch:	Angenehm aromatisch
Geschmack:	Würzig-brennend, adstringierend (zusammenziehend)
Verwendung:	Süße Reisgerichte (Milchreis), Kompotte, Weihnac gebäck, Bratapfel, Süßspeisen. Hervorragend zu al dunklen Fleisch- und Wildsaucen.
Wirkung:	Appetitanregend, verdauungsfördernd und blähur hemmend, in der Volksheilkunde bei Magenversti mungen, in Fernost auch als Aphrodisiakum
Einkaufstipp:	Wie alle Gewürze mit ätherischem Öl als Wirkstof Zimtpulver in kleinen Mengen immer frisch kaufe Stangen halten länger das Aroma.
Anwendungstipps:	Wegen der ätherischen Öle nicht mitkochen, sond erst kurz vor dem Servieren dazugeben.
Interessante Infos:	Ein kleines Experiment: Zimt oder Cassia kann m nicht schmecken, sondern nur riechen. Das merkt man, wenn man Zimt mit zugehaltener Nase prob Cassia ist übrigens ein hervorragendes natürliche Mittel gegen Ameisen. Sie mögen es nicht und verschwinden schnell. Heute wird als Cassia auch ein Mischung verschiedener Zimtsorten bezeichnet.

Apfelstrudel

Zutaten (4–6 Personen)

200 g Mehl + Mehl für die Arbeitsplatte
3 EL Öl · 1 kg Äpfel · 120 g Rosinen
60 g Butter · 120 g Zucker
2 TL gemahlener Cassiazimt
60 g gemahlene Mandeln
60 g gehobelte Mandeln
Fett für das Backblech

Zubereitung:

Das Mehl sieben, 110 ml Wasser bereitstellen. Zuerst das Wasser löffelweise unter das Mehl rühren, dann das Öl unterkneten, dabei 1 TL Öl zurückbehalten. Den Teig kneten, bis er glatt und geschmeidig ist. Mit dem restlichen Öl bepinseln und 1/2 Std. in einer warmen Schüssel abgedeckt ruhen lassen. Die Äpfel schälen, das Kerngehäuse entfernen und grob raspeln. Die Rosinen waschen, die Butter schmelzen. Zucker und Zimt mischen. Das Backblech fetten. Den Backofen auf 200° vorheizen. Den Teig sehr dünn ausrollen und ausziehen, mit der flüssigen Butter bestreichen, dabei 1 EL Butter zurücklassen. Die gemahlenen Mandeln auf den Teig streuen, Äpfel, Rosinen, Mandelblätter und die Zucker-Zimt-Mischung darauf verteilen. Den Teig von der längeren Seite her aufrollen und auf das Backblech heben. Den Strudel mit der zurückbehaltenen Butter bestreichen und 35 Min. (Mitte, Umluft 175°) backen. Noch heiß mit Vanillesauce oder Vanilleeis servieren.

CAYENNEPFEFFER (Capsicum frutescens L

Herkunft: Tropisches Süd- und Mittelamerika, südliche USA, Westafrika, Türkei, Indien, Thailand

Verwendete Pflanzenteile: Ganze getrocknete Schoten

Inhaltsstoffe: Alkaloide, Scharfstoff Capsanthin, fette Öle

Angeboten als: Chilischoten, Cayennepfeffer- oder Chilipulver. Peperoncini ist der in Italien gebrauchte Ausdruck f Chilis bzw. Gewürzpfeffer.

Aussehen: Grün, gelb, leuchtend rote Schoten oder rotes Pulver

Geruch: Scharf, zum Niesen reizend

Geschmack: Je nach Sorte mild bis brennend-scharf

Verwendung: Zu scharfen Pfeffergerichten (Chilis), für Fleischgerichte, Saucen, Eintöpfe, Reispfannen, scharfe Suppen. Zum Würzen der kalten Tomatensuppe Gaspacho Andaluz. Zum Herstellen von Würzöl 2–3 Schoten auf 1 Flasche Öl drei Wochen stehen lassen

Wirkung: Appetitanregend, verdauungsfördernd, desinfiziere macht ungewohnte und fette Gerichte verträglich. Wegen der Endorphinausschüttung auch als stimmungsaufhellendes Mittel verwendet. Bei Naturvölkern auch als Aphrodisiakum.

Einkaufstipp: Chilischoten sind länger haltbar als Chilipulver, das außerdem lichtempfindlich ist; deshalb braune Gläs verwenden.

Anwendungstipps: Durch Erhitzen wird das Capsanthin zerstört und d Gewürz bitter. Deshalb immer nach dem Kochen dazugeben! Cayennepfeffer hat eine äußerst starke Würzkraft. Die Scharfstoffe sind noch in einer Verdünnung von 1:20000 auf der Zunge wahrnehmbar Bei zu scharf geratenen Gerichten auf keinen Fall Flüssigkeit trinken, besser Brot kauen, da der Schar stoff nicht wasserlöslich ist! Chilischoten nimmt m die Schärfe durch Entfernen von Scheidewänden m Samen.

Kartoffelstrudel

Zutaten (4–6 Personen)

1 kg Kartoffeln · 230 g Mehl + Mehl für die Arbeitsplatte · 1 TL gemahlener Kümmel Salz · 50 g Margarine · 2 EL Öl · 1 kleine Zwiebel · 1 Knoblauchzehe · 1 kleine getrocknete Chilischote · 1/2 TL getrocknetes Bohnenkraut · je 1 TL getrockneter Kerbel, Estragon, Majoran · 300 g Münsterkäse in Scheiben · Fett für das Backblech

Zubereitung:

Die Kartoffeln in der Schale in 20 Min. fast gar kochen. Das Mehl mit Kümmel und 1/2 TL Salz vermischen. Die Margarine schmelzen, mit 1/8 l Wasser und dem Mehl zu einem glatten Teig verarbeiten. Den Teig abgedeckt 30 Min. ruhen lassen. Ein Backblech fetten. Die Kartoffeln schälen, in kleine Würfel schneiden und in Öl kräftig anbraten. Die Zwiebel und die Knoblauchzehe schälen, klein würfeln, zu den Kartoffeln geben und mitbraten. Die Chilischote in einem Mörser zerstoßen und mit den restlichen Gewürzen und Salz zu den Kartoffeln geben. Den Teig zu einem großen Rechteck ausrollen, mit den Kartoffeln bestreuen und mit dem Käse belegen. Den Teig zu einer Rolle aufrollen, auf ein Blech legen, 20 Min. ruhen lassen. Den Backofen auf 200° vorheizen. Den Strudel (Mitte, Umluft 175°) 35 Min. backen und noch heiß mit einem frischen Salat servieren.

Currypulver

Herkunft: Indien (kam durch die Engländer nach Europa)

Verwendete Pflanzenteile: Teile von Kurkuma und 10–20 weitere Gewürze, die wichtigsten sind Ingwer, Kardamom, Pfeffer, Korian der, Piment, Paprika, Macis, Zimt und Kreuzkümme

Inhaltsstoffe: Je nach Pflanze verschiedene ätherische Öle, Scharf- stoffe

Verfäl- schungen: Früher oft mit Sägemehl und färbenden Kräutern vermischt

Angeboten als: Pulver

Aussehen: Kräftig gelb bis gelbbraun (je nach verwendeten Gewürzen)

Geruch: Eigenartig aromatisch

Geschmack: Aromatisch, würzig, angenehm scharf

Verwendung: Reis-, Fleisch- und Fischgerichte, indische Gerichte, Sauce für Currywurst, mit Butter vermischt als Currybutter

Wirkung: Appetitanregend, verdauungsfördernd, fördert Bekömmlichkeit

Anwendungs- tipps: Fleisch vor dem Braten mit Öl und Currypulver ein ben. Versuchen Sie Curry einmal als Zugabe zum Naturjoghurt oder Hüttenkäse.

Einkaufstipp: Besonders die von englischen Firmen gelieferten Currymischungen, die es in Feinkostläden gibt, ent- sprechen in der Zusammensetzung weitgehend den Originalen, obwohl es zig Arten von Curry gibt.

Interessante Infos: Curry wird vom tamilischen Wort »karri« für pikan Sauce abgeleitet, daher werden »Masalas« auch oft a Curry bezeichnet. Auf Sri Lanka werden die Beilage wie Gemüse, Fisch, Meeresfrüchte und Fleisch als Curry bezeichnet.

Überbackener Fisch Kalkutta Art

Zutaten (4 Personen)

1 TL Fischgewürz
1 TL Salz
4 Fischfilets à 150 g (z.B. Seelachs, Rotbarsch)
350g Äpfel, 250 g Bananen
1 Zwiebel
2 TL Öl
Saft von 1 Zitrone
1 1/2 TL Curry
1/2 TL Paprika (Delikatess)
50 g geriebener Käse

Zubereitung:

1/4 l Wasser mit Fischgewürz und Salz zum Kochen bringen. Die Fischfilets bei Bedarf säubern, dann im Wasser in 5 Min. bei milder Hitze gar ziehen lassen. Die Fischfilets aus dem Sud nehmen, in eine Auflaufform legen. Den Backofen auf 200° vorheizen. Die Äpfel schälen, vierteln und vom Kerngehäuse befreien, in kleine Stücke schneiden. Bananen und Zwiebel schälen, in kleine Scheiben bzw. Ringe schneiden und zusammen mit den Äpfeln in einer Pfanne im heißen Öl dünsten, mit Zitronensaft, Curry und Paprika würzen. Die Fischfilets mit der Obst-Zwiebel-Mischung bedecken und mit dem Käse bestreuen. Fisch im Backofen (Mitte, Umluft 175°) in 10 Min. überbacken. Reis oder neue Kartoffeln sowie ein frischer Blattsalat passen sehr gut dazu.

FENCHELFRÜCHTE (Foeniculum vulgare ssp. dulc

Herkunft: Mittelmeerländer, Indien, China, Japan, Australien, Südamerika, Russland, Deutschland

Verwendete Pflanzenteile: Reife getrocknete Teilfrüchte

Inhaltsstoffe: Ätherisches Öl (Fenchelöl mit Fenchon und Anetho fettes Öl

Angeboten als: Fenchelsamen

Aussehen: Gelb-grünliche bis gelb-bräunliche gekrümmte gerippte Samen, an einem Ende zugespitzt

Geruch: Kräftig, angenehm aromatisch, ähnlich Anis

Geschmack: Würzig, süßlich, leicht brennend

Verwendung: Durch sein Kindertee-Image wird Fenchel wenig in der Küche verwendet. In den Alpenländern als Brot gewürz. Für Salate und Rohkost. Macht Kohlgericht verträglicher. Interessant auch zu Fischgerichten.

Wirkung: Verdauungsfördernd, blähungswidrig (Kindertee), schleimlösend bei Husten. Hildegard von Bingen beschreibt eine kreislaufanregende Wirkung und si Fenchel als gutes Mittel gegen Melancholie. Als Fen chelhonig gegen Entzündungen der Mundschleimhaut. In der ayurvedischen Heilkunde als herzanregend bezeichnet.

Einkaufstipp: Wer kleine Kinder, aber keinen Fenchel im Haus ha kann auch den Baby-Fencheltee (keine Fertigmischung) als Gewürz verwenden.

Anwendungstipps: Fenchelfrüchte kurz vor dem Verwenden brechen oder im Mörser zerstoßen, setzt die ätherischen Öl frei und verstärkt die Würzkraft.

Historisches: Im Altertum war Fenchel ein Zeichen für Erfolg unc Reichtum. Bei Demosthenes (384–322 v. Chr.) ist zu lesen, dass beim Dionysos-Kult Fenchelkränze getra gen wurden. Die Verwendung als Gewürz haben die Griechen und die Römer von den Chinesen überno men.

REZEPT

Fruchtiger Rote-Bete-Salat

Zutaten (4 Personen)

350 g rote Beten
2 EL Sonnenblumenkerne
1 grünschaliger Apfel
1 Orange
Saft von 1/2 Zitrone und 1/2 Orange
1 TL Birnendicksaft (ersatzweise Zucker)
1/2 TL gemahlener Fenchel
2 TL Dillspitzen
Salz

Zubereitung:

Die roten Beten in 3/4 l Wasser je nach Größe in 1/2–1 Std. garen, abschrecken, schälen, vierteln und in dünne Scheiben schneiden. Die Sonnenblumenkerne ohne Fett in einer Pfanne anrösten, dann abkühlen lassen. Den Apfel waschen, vierteln und das Kerngehäuse entfernen. Apfel in dünne Scheiben schneiden. Orange filetieren, die Filets dritteln und mit den anderen Zutaten vermischen. Aus Zitronen-, Orangen-, Birnendicksaft, 3 EL Wasser und den Gewürzen eine Sauce rühren und über den Salat gießen.

FÜNFGEWÜRZ

Herkunft: China, Indien

Verwendete Pflanzenteile: Teile von Pfeffer, Sternanis, Cassiazimt, Gewürznelk Fenchel

Inhaltsstoffe: Verschiedene

Angeboten als: Gewürzmischung

Aussehen: Je nach verwendeten Gewürzen

Geruch: Intensiv aromatisch

Geschmack: Würzig-aromatisch

Verwendung: Zu allen Reis- und fernöstlichen Gerichten, auch zu europäischen Fleischgerichten

Wirkung: Appetitanregend, verdauungsfördernd. In China au als Heilmittel gegen Verdauungsstörungen und zur Erhöhung der Bekömmlichkeit bei magenempfindl chen Menschen bekannt.

Einkaufstipp: Es gibt mittlerweile verschiedene andere Mischung unter diesem Namen, z. B. eine bengalische Variante »PanchPhoron« mit schwarzem Senf und Bockshor klee. Hier gilt nur Ausprobieren, was einem schmec Auf Zutatenliste achten.

Anwendungstipps: Ausprobieren bei Bratensaucen und bei Eintöpfen. I sämige Suppen aus Hülsenfrüchten.

Interessante Infos: Auch in Tunesien kennt man eine Art Fünfgewürz n dem Namen »Gâlat dagga« aus gemahlenem Pfeffer und Paradieskörnern mit Zimt, Nelken und Muskat Es findet Verwendung in arabischen Eintopfgericht

'ernöstlicher Fleischtopf

Zutaten (4 Personen)

400 g Schnitzelfleisch
4 große Zwiebeln
2 EL Erdnussöl
150 g Naturjoghurt
1 Würfel Fleisch- oder Gemüsebrühe
1 daumengroßes Stück Ingwer
1 TL Fünfgewürz
1 TL Curry
Pfeffer, frisch gemahlen
Salz

Zubereitung:

Das Fleisch in Streifen schneiden. Die Zwiebeln schälen und fein hacken. Das Öl in einer Pfanne erhitzen und die Zwiebeln darin goldgelb anbraten. Das Fleisch dazugeben und unter Rühren leicht anbraten. Mit Joghurt und einer knappen Tasse Wasser auffüllen und den zerdrückten Brühwürfel dazugeben. Den Ingwer schälen und fein hacken. Fünfgewürz, Ingwer und Curry zum Fleisch geben und alles 30 Min. unter gelegentlichem Umrühren bei milder Hitze schmoren lassen. Mit Pfeffer und Salz abschmecken. Dazu passt Basmatireis

GALGANTWURZEL (Alpinia Galanga L.)

Herkunft: China, Thailand, Indonesien, Malaysia

Verwendete Pflanzenteile: Wurzel

Inhaltsstoffe: Ätherische Öle (Galgantöl), verschiedene aromatis Bestandteile, Scharfstoffe, Farbstoff

Angeboten als: Pulver, Wurzelstücke, auch als Siam-Ingwer bekan

Aussehen: Rötlich bis zimtbraunes Pulver bzw. Wurzelstücke

Geruch: Angenehm würzig

Geschmack: Aromatisch bis scharf-brennend, leicht bitter

Verwendung: Wie Ingwer in der indonesischen Küche (z. B. bei d Reistafel oder als Nasi-Goreng-Gewürz). Auch bei Fleisch und Wild sowie bei exotischen Süßspeisen (z. B. gebackene Bananen).

Wirkung: Appetitanregend, desinfizierend. In der traditionel chinesischen Medizin wird Galgantwurzel zur Krei laufanregung und gegen vielerlei Beschwerden der Verdauungsorgane verwendet.

Einkaufstipp: Wie alle Gewürze mit ätherischem Öl als Wirkstoff sollten Sie Galgantpulver in kleinen Mengen imme frisch kaufen.

Anwendungstipps: Wegen seiner ausgeprägten Schärfe sollte Galgant, auch in Gewürzmischungen (Zutatenliste!), von magenempfindlichen Personen gemieden werden.

Historisches: Galgant wurde schon von dem Weltumsegler Marc Polo geschätzt und wurde auf seinen Seefahrten al Heilmittel gegen Durchfälle verwendet. Anfang des 20. Jahrhunderts war er in Mitteleuropa ein Modegewürz. Durch die Ethno-Welle in den deutschen Küchen findet man ihn wieder verstärkt auf den Märkten großer Städte.

REZEPT

emüsepfanne mit Kokosmilch

Zutaten (4 Personen)

100 g Weißkohl
100 g grüne Bohnen
100 g Brokkoli
1 große Möhre
100 g Sojabohnenkeimlinge
1 gelbe Paprikaschote
1 kleine Zwiebel
1 EL Öl
1 EL Sojasauce
1/2 TL gemahlene Galgantwurzel
1 TL gemahlener Koriander
Pfeffer, frisch gemahlen
Knoblauchsalz nach Geschmack
200 ml ungesüßte Kokosmilch

Zubereitung:

Das Gemüse putzen, waschen und in Streifen schneiden, nur den Brokkoli in Röschen zerpflücken. Die Zwiebel schälen und klein würfeln. Das Öl in einer großen Pfanne oder einem Wok erhitzen, die Zwiebel und das restliche Gemüse andünsten, 1/8 l Wasser angießen und alles 15 Min. köcheln lassen. Die Gemüsepfanne mit Sojasauce und den Gewürzen abschmecken, zum Schluss die Kokosmilch unter Rühren hinzufügen und heiß werden lassen. Servieren Sie Reis dazu.

G Garam Masala (Würzmischung)

Herkunft: Indien

Verwendete Pflanzenteile: Koriander, Kreuzkümmel, Fenchel, Gewürznelken, schwarzer Pfeffer, Muskat-, Kardamomsamen, Saf Zimt

Inhaltsstoffe: Siehe einzelne Bestandteile

Angeboten als: Pulver

Aussehen: Gelb-bräunlich bis braun-schwarz

Geruch: Aromatisch je nach Zusammensetzung

Geschmack: Mild bis scharf »fernöstlich« je nach Zusammensetzung

Verwendung: Indische Küche, für den fernöstlichen Touch in de deutschen Küche, zu Reispfannen und Wok-Gerich

Wirkung: Appetit- und verdauungsanregend, verbessert die träglichkeit von Speisen

Einkaufstipp: Die Mischungen werden in Indien von jeder Famil verschieden zusammengestellt. Auch die hier ange tenen Mischungen sind unterschiedlich (z. B. mild ohne Pfeffer). Die Zutatenliste gibt Auskunft.

Anwendungstipps: Zum Teil stark würzende Bestandteile, daher vorsi tig verwenden. Im Zweifelsfall lieber nachwürzen. Nicht mitkochen, erst zum Schluss dazugeben! Ga Masala wird in Indien in Ghee (das ist geklärte Bu ersatzweise Butterschmalz verwenden) angebrate was den Geschmack verstärkt. Anschließend übrig Zutaten hinzugeben.

xotische Möhren-Orangensuppe

Zutaten (4 Personen)

1 kg Möhren
500 ml Gemüsebrühe
5 Orangen
100 g Sahne
3 TL Garam Masala
1 TL Paprika (Delikatess)
1 TL gemahlener Macis (Muskatblüte)
2 Prisen gemahlener Kreuzkümmel (Cumin)
Salz
Pfeffer, frisch gemahlen
1/2 Beet frische Kresse

Zubereitung:

Die Möhren schälen, waschen und in Stücke schneiden. Die Gemüsebrühe zum Kochen bringen, die Möhrenstücke hineingeben und in 20 Min. gar kochen. Die Möhren in der Gemüsebrühe mit dem Pürierstab pürieren. Die Orangen auspressen und den Saft zu den pürierten Möhren geben. Die Suppe wieder erhitzen, Sahne dazugeben und mit den Gewürzen abschmecken. Zum Schluss die Kresse unter fließendem Wasser abspülen, klein schneiden und über die Suppe streuen.

GEWÜRZNELKEN (Syzygium aromaticum L.)

Herkunft: Molukken, Indonesien, Sri Lanka, Madagaskar, Un (Sansibar), westindische Inseln

Verwendete Pflanzenteile: Beeren des Nelkenbaums

Inhaltsstoffe: Ätherische Öle (Nelkenöl), Vanilin, Tannin

Verfälschungen: Extrahierte Restfrüchte ohne Aroma

Angeboten als: Ganze Knospen, auch gemahlen

Aussehen: Braune eingeschrumpfte Stängel mit Knospen

Geruch: Stark aromatisch

Geschmack: Brennend würzig-scharf

Verwendung: Lebkuchen, Kompotte (Apfelmus), Rotkohl, Brater (Boeuf bourguignon), Glühweingewürz, Weihnach plätzchen, Wurstgewürz, zu Fleisch und Fisch

Wirkung: Desinfizierend, betäubend, appetitanregend, in de Volksheilkunde als schmerzstillendes Mittel bekar direkt auf kleine Wunden legen, gegen Verdauungs störungen und Durchfälle. Gewürznelken sind ein hervorragendes Mittel bei Zahnschmerzen: die be bende Wirkung des Nelkenöls mindert den Schme bis zum Zahnarztbesuch.

Einkaufstipp: Gemahlen in kleinen Mengen immer frisch kaufe ganze Ware bleibt verschlossen lange lagerfähig. B der »Nagelprobe« tritt bei guten Qualitäten ätheri- sches Öl aus. Gute Ware sinkt im Wasser unter bzw Köpfchen stehen nach oben. Schlechte Qualitäten schwimmen waagerecht oben.

Anwendungstipps: Sehr sparsam anwenden, bei Braten im Ganzen da geben und mitschmoren lassen.

Historisches: Gewürznelken wurden im 13. Jahrhundert im Prei Gold gleichgesetzt.

wiebel-Pflaumen-Relish

Zutaten (für 2 Twist-Off-Gläser à 350 ml)

500 g Pflaumen
500 g Zwiebeln
4 EL Öl
200 g Zucker
200 ml Birnensaft
100 ml Obstessig
10 ganze Nelken
1 TL ganzer Piment
1 daumengroßes Stück Ingwer
1 TL Salz

Zubereitung:

Pflaumen waschen, entsteinen und in Spalten schneiden. Die Zwiebeln schälen und in Halbringe schneiden. Das Öl erhitzen, die Zwiebeln darin glasig anbraten. Die Pflaumen hinzufügen. Den Zucker in Birnensaft und Obstessig auflösen und zu den Pflaumen geben. Die Gewürze und das Salz hinzufügen und alles 1 Std. offen so lange köcheln lassen, bis eine dickflüssige Masse entstanden ist. Das Relish in vorbereitete Twist-Off-Gläser abfüllen.

Das Relish eignet sich hervorragend als Würzpaste oder Beilage zu Fondues, Gegrilltem und Reisgerichten. Es hält sich etwa 3 Monate.

GLUTAMAT

Herkunft: In China noch aus Seetang, sonst chemisch oder mikrobiell aus Getreide oder Zuckerrüben hergeste Geschmacksverstärker.

Inhaltsstoffe: Natriumsalz der (+)L-Glutaminsäure, enthalten in Pflanzen, Mononatriumglutamat (kein Gewürz)

Angeboten als: Glutamat, auch in Fertigprodukten (Fondor, Aroma u.a.) enthalten.

Aussehen: Weiße, kristalline Substanz

Geruch: Geruchlos

Geschmack: Kein Eigengeschmack

Verwendung: Suppen, Fleischgerichte, ostasiatische Küche; auch Gewürzmischungen enthalten. Süßwaren und Milc produte werden durch Glutamatzugabe negativ geschmacklich beeinflusst. Für alle, die nicht würz können oder wollen.

Wirkung: Verstärkung des Eigengeschmaks, wirkt nicht in sa ren Speisen. Es wird teilweise von positiven Wirku bei Erschöpfungszuständen und Konzentrations-störungen berichtet.

Anwendungstipps: Wie Kochsalz, daher sparsam zusammen mit Salz wenden. Unbedingt abschmecken und ggf. nachwi zen! Mit Mononatriumglutamat kann der Gesamt-natriumgehalt einer Speise um 20–30% reduziert den. Achtung: Durch Glutamat können Salz und ar Gewürze in ihrer Würzkraft verstärkt werden!

Warnhinweis: Personen mit Nesselsucht (Urtikaria) oder Intolera reaktionen auf Speisen mit hohem Gehalt an bioge Aminen müssen auf den Geschmacksverstärker Glu mat verzichten. Außerdem kann eine hohe Zufuhr Glutamat bei Vitamin B6-Mangel Kopfschmerzen, zegefühle, Übelkeit und Nackensteife hervorführen Nach Ansicht der Deutschen Gesellschaft für Er-nährung ist der Verzehr in haushaltsüblichen Meng unbedenklich.

›ebratener Reis

Zutaten (4 Personen)

240 g Duftreis oder Patna-Langkornreis
Salz
200 g Hähnchenbrustfilets
2 EL Öl
3 gehackte Frühlingszwiebeln
3 gehackte Knoblauchzehen
200 g Krabben
1–2 TL Sambal Oelek
2–3 EL süße indonesische Sojasauce
1/2 TL Glutamat
Pfeffer aus der Mühle

Zubereitung:

Der Reis kann schon am Vortag zubereitet werden. Mit 600 ml Salzwasser zum Kochen bringen, die Hitze reduzieren und den Reis 20 Min. mit geschlossenem Deckel garen. Von der Kochstelle nehmen, sobald er das Wasser vollständig aufgenommen hat, noch 20 Min. zugedeckt quellen lassen.

Die Filets in dünne Streifen schneiden. Das Öl im Wok erhitzen, Zwiebeln und Knoblauch darin glasig dünsten. Die Hähnchenstreifen zufügen und 2. Min. scharf anbraten. Die Krabben zugeben und etwa 1 Min. mitbraten. Mit Sambal Oelek, Sojasauce, Glutamat und Salz würzen. den abgekühlten Reis locker untermischen und alles bei mittlerer Hitze noch 3 Min. braten. Mit Salz und pfeffer abschmecken. Mit gemischtem Salat, Sojasauce und Chilisauce servieren.

GOMASIO (Sesamsalz)

Herkunft: Japan

Verwendete Pflanzenteile: Geröstete gelbe oder schwarze Sesamsamen, Meersalz, auch Glutamat

Inhaltsstoffe: Sesamin

Angeboten als: Fertigmischung (auch schwarzer Gomasio) in Bioläden

Einkaufstipp: Am ältesten und verbreitetsten ist das Produkt des belgischen Gomasio-Pioniers Lima. Die Mischung entspricht der Vorschrift des Makrobiotik-Erfinder Oshawa (1 Teil Salz, 5–8 Teile Sesam).

Aussehen: Weiß, gelblich-braun

Geruch: Nach Sesam

Geschmack: Röstartig-salzig

Verwendung: Für bestimmte Reisgerichte, Salate, Rohkost, Getreide- und Gemüsegerichte der fernöstlichen Küche. Lecker auf einem Vollkornbrot mit Butter.

Wirkung: Gegen übersäuerten Magen und Sodbrennen. Für Veganer ein guter Calciumlieferant (1500 mg/100 g Nach Oshawa bei Parasitenbefall, gegen Durchfall, Husten und grauen Star.

Anwendungstipps: Vorsichtig verwenden, Salzgehalt macht zusätzlich Salzen meist überflüssig. Gomasio nie erhitzen, son dern zum Schluss dazugeben. Schwarzer Gomasio schmeckt intensiver als heller.

Interessante Infos: Das Wort Gomasio setzt sich zusammen aus dem japanischen Goma (Sesam) und Shio (Salz).

REZEPT

)rangenpilaw

Zutaten (2 Personen)

160 g Vollkornreis
1–2 saftige Orangen
3 Tomaten
4 Frühlingszwiebeln
3 EL Sesamöl
500 g Champignons
1 Peperoni
Salz · Pfeffer aus der Mühle
Rosenpaprika
2–3 TL Gomasio

Zubereitung:

Den Reis nach Packungsanweisung zubereiten. Die Orange mit der weißen Haut schälen, Orange filetieren und unter den gegarten Reis mischen. Die Tomaten kreuzweise einschneiden, mit kochendem Wasser überbrühen, häuten und würfeln.

Die Frühlingszwiebeln putzen und in feine Ringe schneiden. Die Pilze putzen, mit Küchenpapier abreiben und blättrig schneiden. Die Peperoni waschen, entkernen und in feine Ringe schneiden. Das Öl erhitzen, die Zwiebelringe hineingeben und andünsten. Pilze und Peperoni dazugeben, alles scharf anbraten. 100–125 ml Wasser angießen und das Gemüse bei mittlerer Hitze 3 Min. garen. Die Tomaten unterrühren und alles noch 1 Min. dünsten. Locker unter den Reis mischen, mit Salz, Pfeffer und Paprika abschmecken. Mit Gomasio bestreuen.

Harissa (Würzpaste)

Herkunft:	Tunesien
Verwendete Pflanzenteile:	Chilis, Knoblauch, Kreuzkümmel, Koriander, Salz, Olivenöl
Inhaltsstoffe:	Ätherische Öle, Scharfstoffe
Angeboten als:	Paste in Tuben oder Gläsern
Aussehen:	Kräftig hellrote dickflüssige Paste
Geruch:	Aromatisch
Geschmack:	Scharf-feurig
Verwendung:	Zu nordafrikanischen Speisen wie Couscous, Salate Reisgerichten. Auch in der deutschen Küche vielseit zu verwenden in Eintöpfen, dunklen Saucen, zu Fleisch- und Wildgerichten. Macht lahme Geflügelg richte interessanter.
Wirkung:	Appetitanregend, desinfizierend, verdauungsanregend, in der Volksheilkunde gegen Appetitlosigkeit, bei Magen-Darm-Beschwerden und Durchfällen durch verdorbene Speisen, schützt bei ungewohnte Essen und in heißen Ländern vor »Montezumas Rache«.
Einkaufstipp:	Vorsicht vor lose auf tunesischen Märkten angebote Harissa. Das darin verwendete Schaffett hat manchmal einen ranzigen Geschmack. Sehr gut ist die Rezeptur des tunesischen Produktes Le Flambeau, c bei uns überall in gelbblauen Tuben angeboten wirc
Anwendungstipps:	Es ist in Tunesien üblich, in die Schöpfkelle, mit der die Fleischbrühe zum Couscous gegeben wird, dem Gast eine bestimmte Menge Harissa – ja nach gewünschter Schärfe mehr oder weniger – aufzulös

REZEPT

Gemüse-Couscous mit Hähnchen

Zutaten (6–8 Personen)

500 g vorgekochter Couscous (Fertigprodukt) · Salz · 2 EL Butter · 2 Möhren · 1 kleine Aubergine · 1 Zucchino · 2 gelbe Paprika · 1 rote Chilischote · 4 EL Olivenöl · 1,5 kg reife Tomaten · 2 gehackte Zwiebeln · 2 gehackte Knoblauchzehen · 2 EL Rosinen · 6 EL Gemüse- oder Fleischbrühe · 1 TL Kreuzkümmel · 2 TL Paprika, edelsüß · Pfeffer · 1–2 TL Harissa · 240 g gegarte Kichererbsen (aus der Dose) · 6 Hähnchenbrustfilets in Streifen · 1 EL Butterschmalz

Zubereitung:

Den Couscous mit kochendem Salzwasser bedecken und 5 Min. quellen lassen. Mit Butter mischen und im Backofen zugedeckt bei 70° warm halten.Das Gemüse waschen, putzen und würfeln. Chili putzen und in Scheiben schneiden. Alles in 2 EL Öl scharf anbraten und 5 Min. dünsten. Tomaten häuten, knapp die Hälfte davon klein schneiden und mit Zwiebeln und Knoblauch bei starker Hitze in 1 EL Öl 5 Min. anbraten. Mit dem Gemüse weitere 5 Min. schmoren lassen. Die restlichen Tomaten pürieren, mit Rosinen, Brühe, Kreuzkümmel und Paprikapulver 10 Min. offen kochen lassen. Mit Salz, Pfeffer und Harissa abschmecken. Kichererbsen in der Dosenflüssigkeit erwärmen. Das Hähnchenfleisch salzen, pfeffern und im Butterschmalz bei starker Hitze 5–6 Min. braten, mit Couscous, Sauce und Gemüse servieren.

INGWER (Zingiber officinale ROSCOE)

Herkunft: Süd- und Mittelasien, Indien (größter Anbieter), China, Japan, Taiwan, Südamerika, Westindien, Wes afrika, Australien

Verwendete Pflanzenteile: Wurzelstock (Rhizom)

Inhaltsstoffe: Ätherisches Öl (Ingweröl), Bitterstoffe, Scharfstoffe

Verfälschungen: Ingwerpulver kann mit Kurkumapulver gestreckt se

Angeboten als: Wurzel, Pulver, kandierte Stücke, mit Schokoladenüberzug

Aussehen: Gelblichweiß (gebleicht) bis schwarzbraune Wurzel

Geruch: Aromatisch, etwas nach Zitrone

Geschmack: Würzig-brennend, nachhaltig

Verwendung: Zu Gerichten der fernöstlichen Küche, zu Reis, Fleisch-und Wildsaucen, auch für Desserts und Quarkspeisen

Wirkung: Appetitanregend, verdauungsanregend, gegen Koliken, Übelkeit und Erbrechen (natürliches Mittel geg Reisekrankheit), herzstärkend, kreislaufanregend ohne Blutdruckerhöhung. In Asien auch gegen Rheuma und Muskelschmerzen empfohlen.

Einkaufstipp: Beste Ware ist frische einjährige, elastische Wurzel. Ältere Ingwerwurzeln sind weniger würzig aber sch fer. Wurzeln sind intensiver als Pulver.

Anwendungstipps: Rohe Ingwerwurzel auf die Speisen gerieben schmeckt interessanter als Ingwerpulver. Ingwer se sparsam den fertigen Speisen zufügen, unbedingt a schmecken! Ingwer gibt es auch als kandierte Würf zum Mitnehmen gegen Reisekrankheit.

Historisches: In der traditionellen chinesischen Medizin nimmt Ingwer eine wichtige Stellung ein. Der Name stamm aus dem Sanskrit: »shringavara« bedeutet Geweih u weist auf die Form der Wurzel hin.

REZEPT

Bunte Gemüse-Tofu-Pfanne

Zutaten (2 Portionen)

200 g Tofu · 200 g Broccoliröschen · 1 Zucchino · 2 Möhren · 1 kleine rote Paprikaschote · 2 Frühlingszwiebeln · 1–2 TL Olivenöl · 1 EL frisch geriebener Ingwer · 1 gehackte Knoblauchzehe · 1/8 l Gemüsebrühe · 1–2 EL Sojasauce · schwarzer Pfeffer

Zubereitung:

Den Tofu abtropfen lassen und in etwa 1 cm große Würfel schneiden. Das Gemüse waschen und putzen. Zucchino, Möhren und Paprikaschote in kleine Würfel schneiden. Die Frühlingszwiebeln schräg in Ringe schneiden. Das Öl in einer beschichteten Pfanne erhitzen, den Tofu darin 3–4 Min. von allen Seiten braun braten. Herausnehmen und beiseite stellen. Ingwer, Knoblauch und Frühlingszwiebeln im heißen Fett etwa 1 Min. anbraten. Broccoliröschen, Zucchini-, Auberginen- und Paprikawürfel zugeben und alles bei schwacher Hitze unter Rühren etwa 6 Min. braten. Die Brühe angießen, alles mit Sojasauce und Pfeffer würzen und 1 Minute kochen lassen.

Die Tofuwürfel wieder zugeben und die Gemüsepfanne 5 Min. leise köcheln lassen, gelegentlich umrühren.

Mit Baguette oder Reis servieren.

KAPERN (Capparis spinosa L.)

Herkunft: Ursprünglich Westasien, heute kultiviert im Mittelmeerraum vor allem Frankreich, Spanien, Algerien, Italien, Griechenland, Zypern

Verwendete Pflanzenteile: Blütenknospen, selten auch Früchte des Kapernstrauchs

Inhaltsstoffe: Senfölglucosid Glucocapparin(wird durch ein Enzy in das scharfe Methylsenföl umgewandelt), Rutin (helle Kristalle auf den Knospen)

Verfälschungen: Früher wurden in Essig eingelegte Knospen von Ka zinerkresse und Besenginster als»Deutsche Kapern bezeichnet.

Angeboten als: Ganze Kapern in Salzlake (große Gebinde) bzw. in I sigaufguss eingelegte Ware, runde bis olivförmige, erbsengroße, dunkel- bis olivgrüne Knospen

Geruch: Säuerlich-würzig

Geschmack: Bitter-scharf, herb

Verwendung: Mittelmeerküche, Pizza, kalte Platten, Ragouts, Frik see, kalte Eiergerichte, Tomatensaucen, Fisch- und Gemüsesalate, weiße Mehlsaucen, klassisch für die Sauce zu Königsberger Klopsen

Einkaufstipps: Kleine Gläser kaufen, da die Senföle im Anbruch flü tig sind. Höchste Qualität haben die kleinen Knosp »Nonpareille« und »Surfines« genannt.

Wirkung: Appetitanregend, verdauungsfördernd. In Nordafri als Mittel gegen Magen-Darm-Störungen

Anwendungstipps: Eingelegten Oliven geben sie einen herzhaften Kick Kapern nicht kochen, da sonst das Aroma beeinträc tigt wird. Am besten frisch gehackt in das fertige Gericht geben.

Historisches: Die Kapernpflanze wird bereits in der Bibel und bei den Ägyptern erwähnt.

REZEPT

Eingelegte Champignons

Zutaten (für 4 Twist-Off-Gläser à 400 ml)

1,2 kg Champignons
4 Knoblauchzehen
4 Zweige frischer Rosmarin
110 ml Aceto Balsamico
1 TL Salz
4–5 EL Olivenöl
2 EL Kapern
3–4 rote Chilischoten nach Belieben

Zubereitung:

Champignons mit Küchenpapier sauber abreiben, die Stielenden abschneiden. Knoblauchzehen schälen. Rosmarin waschen und trockentupfen. Knoblauch und die Rosmarinzweige mit Aceto Balsamico, 420 ml Wasser, Salz und Olivenöl in einen Topf geben und zum Kochen bringen. Die Pilze hineingeben und zugedeckt 3 Min. darin unter Rühren kochen lassen. Pilze mit einem Schaumlöffel herausfischen und in sterilisierte Gläser füllen. Kapern, Kräuter und nach Belieben ganze Chilischoten hinzufügen. Den Sud noch einmal aufkochen lassen, über die Champignons gießen. Die Gläser fest verschließen und die Pilze etwa zwei Tage durchziehen lassen.

KARDAMOM (Elettaria Cardamomum L.)

Herkunft: Südwestindien, Sri Lanka, Malabarküste (beste Sor Madagaskar, Westafrika, Guatemala, Honduras, Costa Rica

Verwendete Pflanzenteile: Fruchtkapseln

Inhaltsstoffe: Ätherische Öle (Kardamomöl, Terpineol, Cineol, Lir nen), Scharfstoffe

Angeboten als: Getrocknete Früchte, Samenkörner, Pulver

Aussehen: Grünlich bis dunkelgraue dreikantige Früchte

Geruch: Angenehm-aromatisch, etwas muskatartig (Pfeffer kuchen)

Geschmack: Kräftig-würzig bis brennend, nach Kampfer

Verwendung: Süßspeisen, Dickmilch, Quark, Joghurt, Obstsalat, Kompott. Auch als Wurstgewürz und zu Fleisch- ur Gewürzsaucen. Zu Backwaren, typisches Weihnach gewürz.

Wirkung: Appetitanregend, verdauungsfördernd, allgemein s mulierend, in der Volksheilkunde zur Stimmungsa hellung. In arabischen Ländern als anregendes Kaf gewürz (Gahwa-Kaffee). Gilt auch als berauschend Mittel.

Einkaufstipp: Wie alle Gewürze mit ätherischem Öl als Wirkstoff gemahlen in kleinen Mengen kaufen. Kardamom g neben Safran und Vanille als das teuerste Gewürz.

Anwendungstipps: Kardamomkörner frisch gemahlen oder im Mörse zerstampft haben eine stärkere Würzkraft als die fe gen Pulver-Produkte. In den Kaffeefilter oder den K fee gestreut, hat Kardamom eine noch stärkere »an schiebende« Wirkung als Vanille. In Arabien ist Kardamom als Kaffeegewürz üblich.

Tipp: Gekaute Kardamomsamen wirken hervorragend gegen Knoblauch- oder Alkoholfahne.

choko-Knusperle

Zutaten (für 40 Knusperle)

50 g gehackte Mandeln
50 g Cornflakes
20 g Puffreis
150 g Vollmilchkuvertüre
1/2 TL gemahlene Bourbon-Vanille
1 Prise gemahlener Kardamom

Zubereitung:

Die Mandeln ohne Fett in einer Pfanne leicht anrösten und in eine Schüssel geben. Cornflakes und Puffreis dazugeben und gut vermischen. Die Vollmilchkuvertüre hacken, in eine Schüssel geben und im Wasserbad langsam schmelzen. Die Vanille und den Kardamom in die Kuvertüre rühren und über die Cornflakesmischung gießen. Die Masse gut verrühren, bis alles mit Schokolade überzogen ist. Mit zwei Teelöffeln kleine Häufchen auf mit Backpapier ausgelegte Backbleche setzen und erstarren lassen. Stellen Sie die Knusperle am besten für 1 Std. in den Kühlschrank.

Tipp: Die Schoko-Knusperle schmecken auch mit weißer und zartbitterer Schokoladenkuvertüre.

KNOBLAUCH (Allium sativum L.)

Herkunft: Ursprünglich Innerasien, heute im ganzen Mittelmeerraum, Kleinasien, Vorderasien, Südrussland, Ägypten, China; Anbau auch in Deutschland

Verwendete Pflanzenteile: Ganze Knolle

Inhaltsstoffe: Schwefelhaltige Verbindungen (hauptsächlich Alli

Angeboten als: Zwiebeln, Pulver, Flocken, Extrakt, Würzsaucen, Frischpflanzensaft, Knoblauchpaste

Aussehen: Weiße bis gelbliche Zwiebel mit einzelnen, gekrüm ten Zehen, die sich nach oben verjüngen, jede Zehe von einem weiß-silbernen Häutchen umgeben.

Geruch: Aufdringlicher, anhaltender Geruch

Geschmack: Scharf bis beißend, würzig

Verwendung: Zu Hammel- und Schweinefleischgerichten. Für Sa cen, Suppen und Salate. Hauptbestandteil der Kno lauchpaste Aioli (schmeckt frisch zubereitet besser alle Fertigprodukte!).

Wirkung: Desinfizierend, bakterien- und pilzhemmend. Kan Blutfettspiegel (Triglyceride) senken und Choleste spiegel günstig beeinflussen. In der Volksheilkund Kreislaufmittel, gegen »Verkalkung« eingesetzt, hil bei Verdauungsstörungen durch verdorbene Speise oder bei ungewohnter Kost.

Einkaufstipps: Knoblauch am besten frisch einkaufen. Spanischer Knoblauch zählt zur besten Qualität. Bei frischer V fühlen sich die Zehen elastisch an. Pulver und Floc lichtdicht und gut verschlossen im Kühlschrank au bewahren.

Anwendungstipps: Eine Knoblauchfahne lässt sich nicht einfach besei gen, da das schwefelhaltige Öl Allicin nach intensiv Knoblauchgenuss durch die Lunge mit der Atemlu oder mit dem Schweiß ausgeschieden wird. Als ers Hilfe gilt frische Petersilie und Kauen von Koriand körnern oder Kardamomsamen.

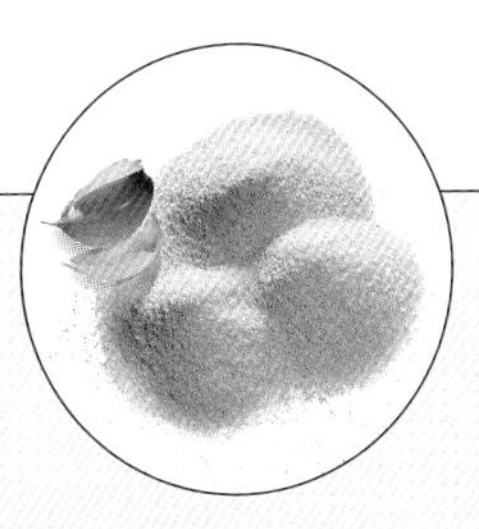

emüsepaella

Zutaten (4 Personen)

1 Zwiebel · 1 EL Öl · 300 g Reis · Salz
100 g Möhren · 2 rote Paprikaschoten
1 kleiner Zucchino
100 g kleine Champignons
2 EL Butter · 400 g Brokkoli · 1 Knoblauchzehe · Salz · 2 Msp. gemahlener Safran
3 TL getrockneter Thymian
1 1/2 TL getrockneter Majoran
weißer Pfeffer, frisch gemahlen

Zubereitung:

Die Zwiebel schälen, klein würfeln und in Öl andünsten. Den Reis hinzufügen und kurz mit andünsten. Mit 900 ml Wasser ablöschen, leicht salzen und 30 Min. quellen lassen. Das Gemüse putzen und waschen. Möhren, Paprikaschoten und Zucchino in kleine Streifen schneiden, Champignons je nach Größe halbieren oder vierteln. Das Gemüse in der Butter andünsten, mit 200 ml Wasser ablöschen, salzen und 15 Min. leise köcheln lassen. Den Brokkoli in Stücke schneiden und in wenig Salzwasser in 8 Min. bissfest garen. Die Knoblauchzehe schälen und zum Reis pressen. Reis und Gemüse mischen (bis auf den Brokkoli), mit den Kräutern und Gewürzen abschmecken. Zum Schluss den Brokkoli vorsichtig unterheben.

KORIANDER (Coriandrum sativum L.)

Herkunft: Vorderasien, Mittelmeerländer (Marokko größter Lieferant), Balkanländer, Frankreich, Russland, Deutschland, USA

Verwendete Pflanzenteile: Samen

Inhaltsstoffe: Ätherisches Öl, diverse Aromastoffe, Tannin, Flavonoide

Angeboten als: Samenkörner, Pulver

Aussehen: Gelb-braunrote Früchte, 1,5–5 mm, rundlich, geri

Geruch: Etwas nach Orange und Lavendel, Blätter wanzena eigentümlich

Geschmack: Süßlich-würzig, schwach brennend

Verwendung: Brot- und Wurstgewürz (zusammen mit Anis, Fen und Kümmel), Pflaumenmus, Lebkuchengewürz, Grundgewürz der indischen Currys, zu Fisch- und Fleischsaucen

Wirkung: Verdauungsfördernd, krampflösend im Magen-Da Trakt. In kleinen Mengen euphorisierend, daher d Volksname Schwindelkraut.

Einkaufstipp: Wie alle Gewürze mit ätherischem Öl als Wirkstof gemahlen nur in kleinen Mengen immer frisch ka fen, Körner bevorzugen.

Anwendungstipps: Korianderkörner angeröstet schmecken aromatis und der eigentümliche wanzenähnliche Geruch ve schwindet. Korianderkörner gekaut helfen bei Kn lauchfahne.

Interessante Infos: Wegen des süßlichen wanzenartigen Geruchs des schen Krautes nannte man den Koriander früher Wanzendill. Nach Untersuchungen in den USA un neuerdings auch in Deutschland ist Koriander in Lage, die Ausscheidung von Amalgam aus dem Kö pergewebe zu fördern. Weltweit gibt es bereits übe 40 Medikamente mit Koriander als Wirkstoff.

xotischer Möhrencocktail auf vocado-Carpaccio

Zutaten (4 Personen)

250 g Möhren · 150 g Ananasstücke
20 g Kokosraspel · 4 EL Zitronensaft
2 EL Ananassaft · 1 TL Walnussöl · 1 cm frischer Ingwer ·1 EL Birnendicksaft (ersatzweise etwas Zucker) · Korianderpulver
Paprika (Delikatess) · Salz · 1 Avocado
Pfeffer, frisch gemahlen · Schabzigerklee (nach Belieben)

Zubereitung:

Möhren putzen, schälen, waschen und auf einer groben Reibe raspeln. Ananasstücke in Streifen schneiden und mit den Möhrenraspeln vermischen. Kokosraspeln ohne Fettzugabe in einer Pfanne anrösten und zu den Möhren geben. 3 EL Zitronensaft mit dem Ananassaft, 1 EL Wasser und Öl verrühren. Den Ingwer schälen und sehr fein würfeln. Das Dressing mit dem Ingwer, Koriander, Paprika und Salz nach Gusto pikant abschmecken und über die Möhren geben. Den Möhrensalat gut mischen und abgedeckt kühl stellen. Die Avocado halbieren und den Stein entfernen. Die Avocado schälen, in sehr dünne Scheiben schneiden und auf 4 Tellern anrichten. Mit dem restlichen Zitronensaft beträufeln, dann mit Pfeffer, Salz und nach Belieben mit Schabzigerklee würzen. Den Möhrencocktail dekorativ zum Avocado-Carpaccio anrichten und servieren.

Kräutersalz (Gewürzsalz)

Herkunft: Steinsalz aus Deutschland, Österreich, Polen, Unga Russland; Meersalz aus Mittelmeerländern, Afrika, Asien

Verwendete Pflanzenteile: Salzkristalle, durch Abbau (Steinsalz) oder Verdun tung (Meersalz) gewonnen

Inhaltsstoffe: Natriumchlorid, Kräuter, auch Kräuteraromen

Angeboten als: Gewürzsalz

Aussehen: Weiße bis gelblichgraue Kristalle, grüngelbe Kräut teile

Geruch: Je nach Kräutern aromatisch

Geschmack: Verschieden je nach Kräutern

Verwendung: Als Aromasalz zu Eierspeisen, Salaten, Suppen und Saucen und zum Einreiben von Fleischteilen beim Grillen. Je nach Zutaten interessante Geschmacksa nativen zum neutralen Salz.

Wirkung: Geschmacksverbessernd, aromatisierend. Wegen d Mineralstoffe soll Meersalz angeblich »gesünder« sein; dies ist angesichts des sehr geringen Anteils unerheblich. Den Kräutern werden gewisse Heilkrä nachgesagt, die aber durch den hohen Salzanteil zunichte gemacht werden.

Einkaufstipp: Kräutersalz mit Heilkräutern sind aromatischer al solche mit Gemüsezusatz (Zutatenliste). Hier ist de Preis oft ein Indiz für Qualität. Meersalz ist teurer a Speisesalz, aber nicht unbedingt besser.

Anwendungstipps: Wie normales Salz sorgsam verwenden. Besser ist Nachwürzen.

Interessante Infos: Es gibt mittlerweile eine Fülle von verschieden schmeckenden Gewürzsalzen. Auf der Zutatenliste steht, was Sie geschmacklich erwartet.

REZEPT

agels

Zutaten (für 6 Bagels)

250 g Mehl
1 gehäufter TL Trockenhefe
1 TL Kräutersalz · 1/2 TL Zucker
1 Eigelb · 2 TL Sesamsaat
2 TL Mohnsaat
1 TL Schwarzkümmelsamen

Zubereitung:

Das Mehl mit Trockenhefe und Kräutersalz in einer Schüssel mischen. Den Zucker mit 150 ml lauwarmem Wasser verrühren, zum Mehl geben und alles zu einem glatten Teig verkneten. Mit einem Tuch abdecken und an einem warmen Ort 40 Min. gehen lassen. Den Teig noch einmal durchkneten und in 6 Stücke teilen. Jedes Teigstück zu einer Kugel formen, etwas flach drücken und mit dem Kochlöffelstiel in die Mitte ein Loch drücken. Das Loch etwas weiten, dann die Bagels noch 10 Min. ruhen lassen. 2 l Wasser in einem großen Topf zum Kochen bringen, die Bagels hineingeben und bei mittlerer Hitze 10 Min. ziehen lassen, dabei einmal wenden. Inzwischen den Backofen auf 200° vorheizen. Die Bagels aus dem Wasser nehmen, abtropfen lassen und mit Eigelb bestreichen. Mit Sesam, Mohn und Schwarzkümmel bestreuen, auf ein mit Backpapier ausgelegtes Backblech legen und im Backofen (Mitte, Umluft 180°) 25 Min. backen. Abkühlen lassen und servieren.

KREUZKÜMMEL (Cuminum cyminum L.)

Herkunft: Türkei, Mittelmeerländer, Südrussland, Indien, Chi Japan, Indonesien, Mittelamerika, USA

Verwendete Pflanzenteile: Früchte

Inhaltsstoffe: Ätherisches Öl (Mutterkümmelöl), Cuminaldehyd (Wanzengeruch), verschiedene Aromastoffe

Angeboten als: Getrocknete Früchte, Pulver, in exotischen Gewürz schungen

Aussehen: Flache, 1,5 mm breite und 4–5 mm lange Früchte, ähnlich wie Kümmel

Geruch: Aufdringlich wanzenartiger Geruch (ähnlich wie Koriander)

Geschmack: Würzig, brennend, bitter

Verwendung: Ähnlich wie Kümmel zu Fleischgerichten (typisch Chili con Carne), Salaten, Suppen, Brotgewürz, Sau milch (Kwas-Gewürz)

Wirkung: Appetitanregend, verdauungsunterstützend

Einkaufstipp: Wie alle gemahlenen Gewürze mit ätherischem Öl Wirkstoff in kleinen Mengen immer frisch kaufen.

Anwendungs-tipps: Beim Anrösten der Kreuzkümmelkörner und anschließendem Zerkleinern im Mörser verschwind der unangenehme Geruch.

Interessante Infos: Kreuzkümmel ist ein wichtiges Gewürz in der indi schen Küche. Indien liefert die Hälfte der Weltproc tion. Eine im Iran heimische Sorte »black cumin« aromatisch mit süßlichem Geschmack, aber ohne »Wanzenaroma«, und bei uns jetzt auch in Asienläden erhältlich.

Käse-Blätterteig-Pastetchen

Zutaten (für 10 Pastetchen)

500 g Blätterteig (tiefgekühlt)
90 g Walnusskerne · 300 g Edelpilzkäse
250 g Magerquark · 3 Eigelbe
1 TL gemahlener Kreuzkümmel · Salz
4 EL Milch · Schwarzkümmelsamen zum Bestreuen · Fett für die Förmchen

Zubereitung:

10 Pasteten- oder Törtchenformen von 8–10 cm Durchmesser mit kaltem Wasser ausspülen, unbeschichtete Formen müssen eingefettet werden. Jeweils 50 g Blätterteig zu einem Quadrat von etwa 13 cm Kantenlänge ausrollen und locker in ein Förmchen legen, den Rand überhängen lassen. Von den Walnusskernen 10 schöne Hälften beiseite legen, den Rest klein hacken. Den Backofen auf 200° vorheizen. Den Käse mit dem Quark, den Eigelben, den gehackten Walnüssen und Kreuzkümmel verrühren, mit Salz abschmecken und auf die Förmchen verteilen. Die überhängenden Ränder vorsichtig zur Mitte der Förmchen schlagen und mit Milch bestreichen. Jedes Förmchen in der Mitte mit je 1 Walnusshälfte und etwas Schwarzkümmel verzieren. Die Pastetchen 20–25 Min. (Mitte, Umluft 180°) backen, gegebenenfalls nach 15 Min. mit Pergamentpapier abdecken, damit sie nicht zu dunkel werden.

Die Pastetchen etwas abkühlen lassen, dann vorsichtig aus den Formen heben und auf einer Platte anrichten.

KÜMMEL (Carum Carvi L.)

Herkunft: Mittelmeerländer, Deutschland, Eurasien, Nordafrik

Verwendete Pflanzenteile: Früchte

Inhaltsstoffe: Ätherisches Öl (Kümmelöl u. a.), verschiedene Aror stoffe, fettes Öl

Verfälschungen: Kreuzkümmel, extrahierte (aromalose) Samen

Angeboten als: Kümmelfrüchte getrocknet, Kümmelpulver

Aussehen: Sichelförmige längs gestreifte Früchte ca. 5 mm lan und 2 mm breit

Geruch: Angenehm würzig-aromatisch

Geschmack: Kräftig würzig, angenehm brennend

Verwendung: Kohlgerichte, Sauerkraut, für Suppen und Saucen, z Käse und Quark, als Brotgewürz, ideal zu allen Sala saucen

Wirkung: Verdauungsfördernd, magenstärkend, blähungswid

Einkaufstipp: Wie alle Gewürze mit ätherischem Öl als Wirkstoff gemahlen in kleinen Mengen immer frisch kaufen. Ganze Früchte verschlossen lange haltbar.

Anwendungstipps: Kümmel vor der Verwendung im Mörser zerstoßen Frischer Kümmel aus der Gewürzmühle direkt unt Schnittkäse aufs Butterbrot ist ein Gedicht!

Interessante Infos: Kümmel ist Bestandteil des in Norddeutschland se beliebten Kümmelschnaps und des berühmten Da ger Goldwassers. Bereits in vorchristlicher Zeit als wertvolles Gewürz und Grabbeigabe bei den Phara nen bekannt.

REZEPT

Sauerkrautkuchen vom Blech

Zutaten (für 1 Backblech)

375 g Mehl · 1 TL Salz
1 TL getrocknetes Basilikum
1/2 Würfel Hefe · 1 TL Zucker
600 g frisches Sauerkraut
250 ml Weißwein · 2 TL Wacholderbeeren
3 TL Kümmel · 1 Lorbeerblatt · 2 Eier
175 g Crème fraîche · 3 EL Milch
2 TL gemahlener Kümmel
4 TL Majoran, gerebelt · Pfeffer aus der Mühle · Öl für das Backblech

Zubereitung:

Mehl mit Salz und Basilikum mischen. Die Hefe mit dem Zucker in 200 ml lauwarmem Wasser verrühren und zum Mehl geben. Mit den Knethaken des Handrührgeräts durchkneten und an einem warmen Ort in 1 Std. auf doppeltes Volumen aufgehen lassen. Inzwischen das Sauerkraut in dem Weißwein andünsten, Wacholderbeeren, Kümmel und das Lorbeerblatt zufügen und 40 Min. auf kleiner Stufe schmoren lassen. Die Eier mit Crème fraîche, Milch und den restlichen Gewürzen verquirlen. Den Backofen auf 200° vorheizen. Ein Backblech fetten. Den Hefeteig ausrollen und darauf legen. Das Sauerkraut mit der Eiermasse vermengen und auf den Hefeteig geben. Im Backofen (Mitte, Umluft 175°) 20 Min. backen, in Stücke schneiden und heiß servieren.

Kurkuma (Curcuma longa L.)

Herkunft: Indien, China, Philippinen

Verwendete Pflanzenteile: Wurzelstock (Rhizom)

Inhaltsstoffe: Ätherisches Öl (Kurkumaöl), Farbstoff Curcumin, Aromastoffe, Bitterstoff, Stärke, fettes Öl

Verfälschungen: Mit Kurkuma wird gerne Safranpulver gestreckt.

Angeboten als: Wurzel (Rhizom), Pulver

Aussehen: Frisch: tieforange, getrocknet: gelb, 2–5 cm lange fingerdicke Rhizomstücke

Geruch: Aromatisch ingwerartig

Geschmack: Würzig-aromatisch, brennend, etwas bitter

Verwendung: Reisgerichte (indonesische Reistafel), Eierspeisen, i Currymischungen

Wirkung: Appetitanregend, magenstärkend, galleanregend. In vielen freiverkäuflichen Arzneien als Mittel gegen Leber- und Gallestauungen enthalten.

Einkaufstipp: Kurkuma-Rhizome gibt es einigermaßen frisch in Asienläden.

Anwendungstipps: Kurkuma hat eine sehr starke Würzkraft, deshalb sparsam verwenden (Anhaltspunkt 1 Messerspitze 1 kg Reis). Damit Kurkuma nicht bitter wird, erst ku vor Kochende dazugeben.

Tipp: Da Kurkuma sehr lichtempfindlich ist und sehr leic die Farbe verlieren kann, muss sowohl die Wurzel a auch das Pulver lichtgeschützt aufbewahrt werden.

Historisches: Im Mittelalter wurde Kurkuma in Arabien und Süd ropa nicht als Gewürz, sondern als Färbe- und Arzr mittel verwendet. Viele unserer Speisefarben sind n Kurkuma versetzt.

REZEPT

Kurkuma-Nudelauflauf

▸ Zutaten (4 Personen)

3 TL Salz
1 TL Kurkuma
300 g Nudeln
500 g Brokkoli
175 g rote Paprikaschoten
3 Eier
300 ml Milch
200 g Crème fraîche
2 TL Knoblauchsalz
Pfeffer, frisch gemahlen
100 g Gouda, frisch gerieben
Öl für die Form

Zubereitung:

Wasser zum Kochen bringen, Salz, Kurkuma und Nudeln dazugeben und nach Packungsanweisung bissfest kochen. Die Nudeln abgießen und beiseite stellen. Den Brokkoli putzen, waschen und in mittelgroße Röschen zerteilen. Brokkoli in Salzwasser höchstens 10 Min. garen. Paprikaschoten putzen, waschen und fein würfeln. Eine Auflaufform fetten. Den Backofen auf 180° vorheizen. Nudeln mit Paprika und Brokkoli vermischen und in die Auflaufform geben. Eier mit den restlichen Zutaten (bis auf Gouda) mischen, abschmecken und über den Auflauf gießen. Im Backofen (Mitte, Umluft 160°) 35 Min. backen. Den Gouda über den Auflauf verteilen und nochmals 10 Min. backen.

LIEBSTÖCKEL (Levisticum officinale L.)

Herkunft:	Ursprung Persien, Anbau in Deutschland, Polen, Russland, Nordamerika
Verwendete Pflanzenteile:	Ganze Pflanze und Wurzel
Inhaltsstoffe:	Ätherisches Öl, Cumarin, verschiedene Pflanzensäu
Angeboten als:	Frische Pflanze, getrocknetes zerkleinertes Kraut, pulverisierte Wurzel
Aussehen:	Grünlich, Pulver braun
Geruch:	Anfangs süßlich, später würzig (an Maggi erinnern
Geschmack:	Würzig, ähnlich Maggi
Verwendung:	Saucen, Suppen, Fleischgerichte, Eintöpfe
Wirkung:	Magenstärkend, verdauungsfördernd. Im Mittelalte wurde frisches Kraut gegen Schlangenbisse und bei Magenbeschwerden und Melancholie eingesetzt!
Anwendungstipps:	Da die Würzkraft sehr stark ist und andere Gewürz überdeckt, ist Liebstöckel nur sehr sparsam anzuwe den, es sei denn, man ist Maggi-Fan. Nicht auf »gut Glück« würzen, sondern abschmecken.
Interessante Infos:	Obwohl Liebstöckel wie Maggi schmeckt, war und i es in der bekannten Tischwürze nicht enthalten. Di Firma hatte es Anfang des Jahrhunderts Gärtnereie gerichtlich untersagt, Liebstöckel als »Maggikraut« anzupreisen.

REZEPT

Borschtsch

Zutaten (4 Personen)

550 g rote Beten · 350 g Fleischtomaten
300 g Weißkohl · 2 Zwiebeln · 2 EL Öl
800 ml Gemüsebrühe (Instant)
2 TL getrockneter Liebstöckel
1 1/2 TL Kümmel · 2 TL gehackte Petersilie
1 TL gehackter Borretsch
1/2 TL bunter Pfeffer, frisch gemahlen
300 g Kartoffeln · Salz · 125 g saure Sahne

Zubereitung:

Die roten Beten je nach Größe in 1–1 1/2 Std. gar kochen, abgießen, abschrecken, schälen und in Stifte schneiden. In der Zwischenzeit die Tomaten blanchieren und häuten. Den Weißkohl putzen, in feine Streifen schneiden. Die Zwiebeln schälen und ebenfalls in dünne Streifen schneiden. Weißkohl und Zwiebeln in einem großen Topf im Öl andünsten. Mit der Gemüsebrühe ablöschen, Gewürze und Kräuter hinzufügen und noch 10 Min. köcheln lassen. Inzwischen die Kartoffeln schälen, waschen und in Würfel schneiden. Kartoffeln zum Weißkohl geben und mitgaren. Nach 10 Min. die Tomatenstücke hinzufügen und weitere 10 Min. köcheln lassen. Zum Schluss die roten Beten hinzufügen, alles noch einmal aufkochen lassen und nach Belieben würzen. Zu diesem russischen Klassiker wird die saure Sahne als Beilage gereicht.

Lorbeerblätter (Laurus nobilis L.)

Herkunft: Mittelmeergebiet, Indien, Türkei, Russland, südlich USA

Verwendete Pflanzenteile: Getrocknete Blätter

Inhaltsstoffe: Ätherische Öle (Cineol, Eugenol, Geraniol), andere Aromastoffe, Gerb- und Bitterstoffe

Angeboten als: Ganze Blätter

Aussehen: Grünliche, lederartige, gewellte, spröde Blätter, 8–12 cm lang

Geruch: Schwacher Lorbeergeruch

Geschmack: Etwas herber, erdiger, typischer Geschmack

Verwendung: Typisches Wildgewürz, auch für Kartoffelgerichte, Eintöpfe, deftige Suppen, Fischmarinaden, zu Salzheringen, eingelegtem Sauergemüse (Gurken, Mixe Pickles)

Wirkung: Appetitanregend, verdauungsfördernd. Lorbeeröl g in der Volksheilkunde als Arzneimittel gegen vieler Leiden, wie z. B. Rheuma, Nervenschmerzen, Zahn

Einkaufstipp: Auf unbeschädigte, nicht gebrochene Blätter achter sie sind sehr lange lagerfähig. Angebrochene Blätte bald verwenden, da das ätherische Öl verdunstet.

Anwendungstipps: Lorbeerblätter immer leicht anbrechen, damit die ätherischen Öle, die sonst durch die harte Oberfläc geschützt sind, austreten können.

Historisches: Lorbeerblätter sind weniger bekannt als Gewürz, d als Sinnbild für Weisheit, Kraft und Ruhm. Die Pfla war im Griechenland des Altertums dem Gott Apol gewidmet. Den erfolgreichen Olympiakämpfern wu ein Kranz aus Lorbeerblättern aufgesetzt. Auch auf deutschen Geldstücken war der Geldwert von Lorb blättern umgeben (Laubtaler).

REZEPT

insen-Spätzle-Topf

Zutaten (4 Personen)

375 g Mehl · 1/2 TL Salz · 1 TL getrocknetes Estragon · 1 Tl gemahlener Schabzigerklee 4 TL getrocknetes Basilikum · 2 Eier· 1 Zwiebel · 2 Knoblauchzehen · 125 g Staudensellerie · 2 EL Butter · 2 Lorbeerblätter · 2 EL Suppengrün (TK) · 150 g Du-Puy-Linsen · 1 l Gemüsebrühe · 100 g rote Linsen · 1 TL Paprika (Delikatess) · Pfeffer, frisch gemahlen

Zubereitung:

Das Mehl in eine Schüssel geben und mit Salz, Estragon, Schabzigerklee und 2 TL Basilikum in einer Schüssel vermischen. Die Eier und 1/8 l Wasser hinzufügen und sehr gut verrühren. Den Teig 30 Min. ruhen lassen. In der Zwischenzeit Zwiebel und Knoblauchzehen schälen und fein würfeln. Den Staudensellerie putzen, waschen und in feine Streifen schneiden. Die Butter in einem Topf erhitzen, Zwiebel, Knoblauch und Staudensellerie darin andünsten. Dann Lorbeerblätter, Suppengrün und Linsen dazugeben und mit der Brühe ablöschen. 30 Min. leicht köcheln lassen. Die roten Linsen dazugeben und 10 Min. mitkochen lassen. Den Spätzleteig durch einen Spätzlehobel in kochendes Salzwasser geben. Einmal aufkochen lassen und abgießen. Die Spätzle unter die Linsen heben und mit den restlichen Gewürzen und Salz abschmecken.
Tipp: Das Gericht mit einem Schuss Essig abrunden.

MACIS (Myristica fragrans HOUTT)

Herkunft: Grenada, Molukken, Neuguinea, Indien, Madagask Mauritius, Indonesien, Brasilien

Verwendete Pflanzenteile: Der die Muskatnuss umhüllende Mantel (Arillus)

Inhaltsstoffe: Ätherisches Öl (Macisöl) u. a.

Angeboten als: Ganz (black mace), zerkleinert (broken), Pulver (one and two), auch Muskat- oder Macisblüte gena

Aussehen: Gelborange bis leuchtendrote Samenmäntel

Geruch: Aromatisch, nach Muskat

Geschmack: Würziger Muskatgeschmack

Verwendung: Konditorei- und Süßwaren (feineres Aroma als Mu katnuss), Fleischklopse, Knödel, Wildgerichte, Kon potte

Wirkung: Leicht appetitanregend, stimmungsaufhellend. Als Pulver in Asien als berauschendes Mittel, wegen d geringen Gehaltes des Muskatnuss-Alkaloids Myri sticin.

Einkaufstipp: Ganze Ware ist pulverisierter vorzuziehen.

Anwendungstipps: Im Mörser zerstoßen, den fertigen Speisen bzw. ku vor Kochende zufügen.

REZEPT

pfel-Pilz-Ragout

Zutaten (4 Personen)

100 g getrocknete Apfelringe
200 ml Apfelsaft
450 g frische Waldpilze (ersatzweise Austernpilze)
1 Fleischtomate (200 g)
2 EL Öl · 150 ml Sherry
150 ml Gemüsebrühe
2 TL Saucenbindemittel
1 EL Ahornsirup
1 TL Macis
2 TL gerebelter Majoran
1 TL Oregano
Pfeffer, frisch gemahlen
Salz

Zubereitung:

Die Apfelringe halbieren, im Apfelsaft einweichen und mindestens 30 Min. quellen lassen. Die Pilze putzen und in mundgerechte Stücke schneiden. Fleischtomate blanchieren und häuten. In feine Würfel schneiden, dabei die Kerne entfernen. Das Öl in einer tiefen Pfanne oder einem Topf erhitzen, die Pilze darin andünsten. Die Apfelringe aus dem Saft nehmen und dazugeben. Die Fleischtomate hinzufügen, mit 150 ml Apfelsaft (vom Einweichen), Sherry und Gemüsebrühe ablöschen. Mit dem Saucenbindemittel binden. Die Gewürze hinzufügen und abschmecken. Das Ragout zu Reis, Kartoffeln oder Knödeln servieren.

MEERRETTICH (Armoracia rusticana GAER

Herkunft: Wolga-Don-Gebiet, Westasien, Japan, Nordamerik
Deutschland

Verwendete Pflanzenteile: Wurzel

Inhaltsstoffe: Schwefelhaltiges ätherisches Öl, Senfölglycoside, Kohlenhydrate, Vitamin C (100–150 mg/100 g)

Angeboten als: Wurzel, gerieben in Gläsern und Tuben, Pulver

Aussehen: Braungraue Wurzelstöcke, gerieben weiß bis weiß

Geruch: Brennend, zu Tränen reizend

Geschmack: Brennend-scharf

Verwendung: Frisch gerieben oder aus der Tube zum Würzen vo Fleischgerichten (Tafelspitz) und Fisch, zu Schinke kaltem Braten, Käsebrot und pikanten Soßen. Idea zur deftigen Brotzeit mit Bier. Pulver ist weniger scharf.

Wirkung: Antibiotisch, desinfizierend, verdauungsanregend durch Gallenflussförderung. Meerrettich wurde in Volksheilkunde als desinfizierendes Mittel gegen Magen-Darm-Störungen (Durchfälle) gegeben. Da schwefelhaltigen Verbindungen über das Blut auch auf die Atemwege wirken, wird Meerrettich erfolgr gegen Erkältungskrankheiten eingesetzt.

Einkaufstipp: Wurzeln zum Reiben sind geschmacklich am beste Meerrettich in Gläsern und Tuben sind mit Schwef konserviert.

Anwendungstipps: Meerrettich wird milder, wenn er gerieben mit Äpf und Sahne vermischt gebraucht wird. Eine Delikat ist selbst gemachte Meerrettichbutter. Da sich gerie ner Meerrettich durch den Luftsauerstoff sehr schr braun verfärbt, sollte man Zitronensaft dazugeben. Der scharfe Geschmack verliert sich durch längere Mitkochen.

REZEPT

charfe Meerrettichsauce

Zutaten (4 Personen)

50 ml Zitronensaft
100 g Meerrettich (aus dem Glas)
200 g Joghurt
200 g Crème fraîche
2–3 TL Honig
2 TL Oregano, gerebelt
1 kleine Knoblauchzehe
1 daumengroßes Stück Ingwer
Cayennepfeffer
Salz

Zubereitung:

Den Zitronensaft mit dem Meerrettich verrühren, dann Joghurt, Crème fraîche, Honig und Oregano unterrühren. Die Knoblauchzehe schälen und dazupressen. Den Ingwer schälen und sehr fein hacken, unter die Meerrettichsauce rühren. Die Sauce vorsichtig mit Cayennepfeffer und nach Belieben mit Salz abschmecken. Vor dem Servieren 2 Std. kühl stellen. Die Sauce passt gut zu Ofenkartoffeln, gefüllten Kartoffelhälften oder auch zu Rohkost als pikanter Dip.

M

MUSKATNUSS (Myristica officinalis L.)

Herkunft: Grenada, Molukken, Neuguinea, Indien, Madagask[illegible] Mauritius, Indonesien, Brasilien

Verwendete Pflanzenteile: Samen

Inhaltsstoffe: Äherisches Öl (Muskatsamenöl), Alkaloid Myristic[illegible] verschiedene Aromastoffe, Saponine

Angeboten als: Ganze Nüsse, Pulver

Aussehen: Hell- bis dunkelbraune harte »Nüsse«, 10–24 mm [illegible] netzartige Oberfläche

Geruch: Aromatisch typisch

Geschmack: Kräftig würzig-herb, leicht brennend

Verwendung: Als Gewürz zu weißen Saucen, Fischsaucen und -su[illegible] pen, Fleischpasteten, Kohlgemüse, Backwaren

Wirkung: Appetitanregend, verdauungsfördernd. In Asien we[illegible] den Muskatnüsse als Narkotikum verwendet.

Einkaufstipp: Nüsse sind der gemahlenen Ware vorziehen. Große[illegible] unbeschädigte Nüsse sind am besten.

Anwendungstipps: Mit Muskatreibe frisch von der Nuss reiben. Die Nüsse sind, trocken gelagert, jahrelang haltbar.

Warnhinweis: Das in der Muskatnuss enthaltene Alkaloid Myristi[illegible] kann in größeren Mengen (ab 5–10 g) lebertoxisch wirken und sogar zum Tode führen. Normale Würz[illegible] wendungen im Haushalt liegen meist unter 1 g und sind daher unbedenklich. Trotzdem ist Vorsicht bei Menschen mit Lebererkrankungen und in der Schwangerschaft anzuraten.

Interessante Infos: Die Karibikinsel Grenada trägt die Muskatnuss als Emblem auf ihrer Flagge.

REZEPT

nnsbrucker Knoblauchrahmsuppe

Zutaten (4 Personen)

1 Zwiebel
3 EL Butter
3 EL Mehl
600 ml Gemüsebrühe
100 g Sahne
6 Knoblauchzehen
Muskatnuss, frisch gerieben
Pfeffer, frisch gemahlen
Salz
1 Bund Schnittlauch

Zubereitung:

Die Zwiebel schälen und fein würfeln. Die Butter in einem Topf erhitzen und die Zwiebel darin goldbraun anbraten. Das Mehl dazugeben, gut verrühren, kurz durchschwitzen lassen und mit der Gemüsebrühe ablöschen. Die Sahne dazugeben und die Suppe 10 Min. leicht köcheln lassen. In der Zwischenzeit die Knoblauchzehen schälen und durch eine Knoblauchpresse zur Suppe geben. Mit den Gewürzen und Salz abschmecken und die Suppe kurz vor dem Servieren mit einem Pürierstab aufschäumen. Schnittlauch waschen, in feine Röllchen schneiden und über die Suppe streuen.

Tipp: Die Suppe mit Croûtons verfeinern!

PAPRIKA (Capsicum anuum L.)

Herkunft: Mittelamerika, Brasilien, Mittelmeerländer, Türkei, Ungarn, Indien, Russland

Verwendete Pflanzenteile: Reife getrocknete Früchte (fälschlich Schoten), kei Gemüsepaprika!

Inhaltsstoffe: Ätherisches Öl, Scharfstoff Capsaicin (in Scheidew den und Samen)

Angeboten als: Pulver

Aussehen: Je nach Sorte feuerrot bis dunkelrot

Geruch: Fast geruchlos, gute Sorten fruchtig

Geschmack: Je nach Sorte fruchtig-süß bis brennend-scharf

Verwendung: Neben Pfeffer eines der beliebtesten Gewürze zu Fleischgerichten (Paprikaschnitzel, Gulasch), Sauc und Suppen, Marinaden.

Wirkung: Appetitanregend, verdauungsfördernd. Magenemp findliche sollten bei Rosenpaprika vorsichtig sein. Früher in der Volksheilkunde als Hautreizungsmitt bei rheumatischen Erkrankungen und Zerrungen i Form von Paprikaspiritus oder Paprikapflastern ar wendet. Gibt es heute noch als ABC-Pflaster in Apo theken.

Einkaufstipp: Angeboten in verschiedenen Sorten. »Edelsüß« (fru tig-süß), »Delikatess« (aromatisch-fruchtig, mild), »Rosen-Paprika« (würzig-scharf), »Königspaprika« (würzig, brennend-scharf). Kleine Mengen frisch k fen. Eine italienische Gewürzpaprikasorte ist Peper

Anwendungstipps: Paprika nicht in heißes Fett geben, da er sonst bitte wird.

Historisches: Paprika wurde von Christoph Kolumbus aus Mittel amerika nach Spanien gebracht und dort seit 1550 angebaut. In Deutschland wurde er auch als Indian pfeffer bezeichnet.

ᐧaprika-Gulasch

Zutaten (4 Personen)

750 g Zwiebeln
2 EL Schweineschmalz
70 g Paprikapulver, edelsüß
2 EL Tomatenmark
1 EL Rotweinessig
1 l Fleischbrühe (Instant)
3–4 Knoblauchzehen
1 kg Rindergulasch
Pfeffer, frisch gemahlen
Salz
1 TL Kümmel

Zubereitung:

Die Zwiebeln schälen und grob würfeln. Das Schmalz in einem Schmortopf erhizten und die Zwiebeln hellbraun anbraten. Bei schwacher Hitze das Paprikapulver und das Tomatenmark dazugeben. Mit etwas Rotweinessig ablöschen. Die Fleischbrühe dazugießen und aufkochen lassen. Den Knoblauch schälen. Das Rindergulasch dazugeben, den Knoblauch durch die Presse dazudrücken, mit Pfeffer, Salz und den leicht zerstoßenen Kümmelkörnern würzen. Zugedeckt bei schwacher Hitze in 1 1/2 Std. weich dünsten, vor dem Servieren abschmecken. Dazu passen Salzkartoffeln oder Nudeln.

PFEFFER (Piper nigrum L.)

Herkunft: Monsunwälder Indiens und Sri Lankas, Madagaska Indonesien, Südamerika, Karibik, Westafrika

Verwendete Pflanzenteile: Schwarz: unreife, fermentierte und getrocknete Früchte; weiß: vollreife Früchte, Fruchtfleisch entfer grün: unreife Fruchtstände

Inhaltsstoffe: Ätherisches (Pfeffer-) Öl, Scharfstoffe, fettes Öl, Stä

Verfälschungen: Kubebenfrucht (Stielpfeffer), Langer Pfeffer (Benga pfeffer, Stangenpfeffer)

Angeboten als: Ganze Körne, geschrotet und gemahlen, grüner Pfe auch in Salzlake eingelegt

Aussehen: Schwarze, weiße, grüne eingeschrumpfte Körner

Geruch: Angenehm pfeffrig

Geschmack: Je nach Qualität scharf bis sehr scharf

Verwendung: Universalgewürz bei Fleisch- und Wildgerichten, gi langweiligen Speisen den letzten »Kick«. Interessan auch als Kontrapunkt bei Süßspeisen oder Erdbeer

Wirkung: Appetitanregend, verdauungsfördernd, desinfiziere

Einkaufstipp: Ganze Körner bevorzugen, große, regelmäßige Kör sind meistens vorsortiert und enthalten kaum »tau Körner. Hier ist meist der Preis ein Qualitätsindiz.

Anwendungstipps: Die beste Würzkraft haben ganze Körner, die man kurz vor der Verwendung mit der Pfeffermühle ma Bei Pfeffermühlen auf gutes Metall- oder Keramikmahlwerk achten. In Lake eingelegten grünen Pfeff vor dem Verwenden gut abtropfen lassen.

Historisches: Pfeffer war im Mittelalter ein sehr begehrtes Gewü mit dem man rasch reich werden konnte. Deshalb nannte man zu Wohlstand gekommene Händler un Bankiers auch »Pfeffersäcke«.

Petersiliensalat (Tabouleh)

Zutaten (8 Personen)

100 g Bulgur · 300 g glatte Petersilie · 10 g frische Pfefferminzblätter · 175 g Möhren · 500 g Tomaten · 1 Granatapfel · 50 g Walnusskerne · 2 Knoblauchzehen · Salz · 60 g Olivenöl · 2 Zitronen · schwarzer Pfeffer, frisch gemahlen · 2 TL Schwarzkümmelsamen

Zubereitung:

Den Bulgur mit 200 ml Wasser übergießen, einmal aufkochen lassen und 15 Min. quellen lassen. Bei Bedarf das Restwasser abgießen. Bulgur mit einer Gabel lockern. Petersilie und Pfefferminze waschen, trockentupfen und die groben Stiele entfernen. Die Blätter hacken und in eine große Schüssel geben. Möhren schälen, waschen und auf einer groben Reibe raspeln. Die Tomaten waschen und fein würfeln. Granatapfel 15 Min. in heißes Wasser legen, dann aufbrechen und die Kerne herauslösen. Walnusskerne fein hacken und mit Bulgur, Möhren, Tomaten und Granatapfelkernen zu den Kräutern geben. Die Knoblauchzehen schälen, grob hacken, mit 1/2 TL Salz zerdrücken und mit Olivenöl vermischen. Die Zitronen auspressen und den Saft zum Olivenöl-Knoblauch-Dressing geben. Dressing gut verrühren, über den Salat gießen und alles gründlich mischen. Salat mit Salz, Pfeffer und Schwarzkümmel abschmecken und leicht gekühlt servieren.

PIMENT (Pimenta dioica L.)

Herkunft: Mittelamerika (Jamaika), Südamerika, Indien, Insel Réunion

Verwendete Pflanzenteile: Körner des Pimentbaums

Inhaltsstoffe: Ätherische Öle mit Eugenol (Nelkenaroma), fettes Öl, Gerbstoffe, Harz

Verfälschungen: Strecken durch gemahlene Stiele

Angeboten als: Ganze Körner oder gemahlen, auch Nelkenpfeffer, Allspice genannt

Aussehen: Braun-graue Beeren mit rundem Stielansatz

Geruch: Intensiv nach Gewürznelken, Zimt, Muskatnuss

Geschmack: Scharf-aromatisch, pfefferähnlich

Verwendung: Backwaren, Kuchen, Weihnachtsgebäck, Lebkuchen, Terrinen, Ragouts, Saucen

Wirkung: Appetitanregend, desinfizierend, verdauungsfördernd. In der Volksheilkunde gegen Müdigkeit, bei Völlegefühl, gegen Durchfälle.

Einkaufstipp: Wie alle Gewürze mit ätherischem Öl als Wirkstoff gemahlene Ware in kleinen Mengen immer frisch kaufen.

Anwendungstipps: Am stärksten ist die Würzkraft, wenn sie Pimentkörner erst kurz vor der Verwendung mahlen oder im Mörser zerstoßen. Sehr gut als aromatischer Pfefferersatz. Fleisch vor dem Braten einreiben.

Historisches: Piment wurde schon von den Azteken in Schokoladegetränken verwendet. Der Name Nelkenpfeffer kommt von dem an Gewürznelken ähnelnden Geschmack. Hauptbestandteil in der französischen Gewürzmischung »Quatre épices«.

REZEPT

Rotkohlsalat

Zutaten (4 Personen)

1 kleiner Kopf Rotkohl (ca. 500 g)
1 Lorbeerblatt
1 TL Pimentkörner
1 kleiner Zweig Rosmarin
4 weiße Pfefferkörner
5 EL Essig
4 EL frisch gepresster Zitronensaft
3 EL Kürbiskernöl
3 TL Wacholderbeeren
Salz
Pfeffer, frisch gemahlen

Zubereitung:

Rotkohl putzen, den Kopf halbieren, waschen und den Strunk herausschneiden. Den Kohl in feine Streifen schneiden. In ein Tee-Ei oder Mullsäckchen das Lorbeerblatt, Piment, Rosmarin und Pfefferkörner geben. Wasser und Essig zum Kochen bringen, die Gewürze dazugeben. Rotkohl 3 Min. blanchieren, dann abgießen und abschrecken. Rotkohl in einer Schüssel mit einem Kartoffelstampfer kräftig durchstampfen (dadurch wird er bekömmlicher). Den Zitronensaft mit Kürbiskernöl, 4 EL Wasser und den restlichen Gewürzen zu einer Sauce verrühren und über den Rotkohl geben. Gut mischen und am besten über Nacht durchziehen lassen.

Rosa Pfeffer (Schinus therebinthifolius RADD

Herkunft:	Brasilien
Verwendete Pflanzenteile:	Samen
Inhaltsstoffe:	Aromatische Terpene, roter Farbstoff (enthält keine Scharfstoffe des Pfeffers wie Capsaicin)
Verfälschungen:	Ebereschenbeeren
Angeboten als:	Ganze Körner und in Pfeffermischungen, auch Bras Pfeffer genannt
Aussehen:	Kaminrosa bis -rot
Geruch:	Fast geruchlos, etwas nach Terpentinöl
Geschmack:	Süßlich-aromatisch
Verwendung:	Zum Würzen sparsam verwenden, als Farbtupfer geeignet, schwarzer und weißer Pfeffer sind raffinierter.
Wirkung:	In größeren Mengen giftig. Spielte in der brasilianischen Volksheilkunde eine Rolle als appetitanregenc Gewürz und Aphrodisiakum.
Warnhinweis:	Roter Pfeffer ist toxikologisch nicht unbedenklich!
Interessante Infos:	Beim so genannten Szechuanpfeffer, der nicht zu de Pfefferarten zählt, sind oft braunrote Reste der Same kapsel enthalten, die fälschlicherweise für roten Pfef gehalten werden.

REZEPT

Avocado-Löwenzahn-Salat mit Nussdressing und Croûtons

Zutaten (4 Personen)

1 kleine Knoblauchzehe
2 Scheiben Toast · 1 EL Butter
80 g Magerquark
40 g Haselnussmus
2 TL Aceto balsamico
2–3 EL Milch
Salz
1/2 TL rosa Pfeffer
200 g Löwenzahn
2 reife Avocados
Saft von 1/2 Zitrone

Zubereitung:

Die Knoblauchzehe schälen und durch die Presse drücken. Für die Croûtons den Toast mit Butter und dem Knoblauch bestreichen. Toast in kleine Würfel schneiden und im Backofen bei 200° 10 Min. knusprig rösten. Den Quark mit Nussmus, Aceto Balsamico und der Milch zu einem cremigen Dressing verrühren und mit Salz und Pfeffer abschmecken.
Den Löwenzahn putzen, waschen und trockenschleudern. Die Avocados längs halbieren, entsteinen, schälen, in Spalten schneiden und mit dem Zitronensaft beträufeln. 4 Portionsteller mit Löwenzahn auslegen, Avocadospalten in die Mitte geben und mit dem Dressing beträufeln. Zum Schluss mit den Croûtons bestreuen und sofort servieren.

ROSENWASSER

Herkunft: Indien, Vorderer Orient

Verwendete Pflanzenteile: Rosenblüten

Inhaltsstoffe: Rosenöl, Wasser

Angeboten als: Flüssigkeit, Rosenwasser ist stark verdünntes Rosen

Geruch: Mehr oder weniger intensiv nach Rosen

Geschmack: Zart-aromatisch

Verwendung: Als Zutat für Desserts wie Sorbets, Cremes, Mousse und Gebäck, zum Beträufeln von Früchten, für Mar pan

Einkaufstipp: In Apotheken, Drogerien und Reformhäusern erhäl lich

Aussehen: Klar wie Wasser

Anwendungstipps: Vorsichtig dosieren, Rosenwasser kann ein sehr int sives Aroma entwickeln.

Historisches: Die Perser exportierten Rosenwasser schon vor Chr Geburt ins weit entfernte China und noch heute ist eine unentbehrliche Zutat für indische und orienta sche Süßspeisen.

REZEPT

Waffeln mit Rosenwasser

Zutaten (4 Personen)

90 g Maisstärke
120 ml Milch
1/2 TL Kardamompulver
1/2 EL Rosenwasser
3 Eier
Salz
1 EL Mehl
3 EL Zucker
evtl. Öl für das Waffeleisen
Puderzucker zum Bestäuben

Zubereitung:

Die Maisstärke in eine Schüssel geben, Milch, Kardamom und Rosenwasser zufügen und alles mit einem Schneebesen gut verrühren. Die Eier trennen. Eiweiße mit einer Prise Salz steif schlagen und kurz ins Gefrierfach stellen. Eigelbe mit Mehl und Zucker zu einer Creme verrühren und in die Stärkemasse rühren. Eiweiß mit dem Schneebesen vorsichtig unter den Teig heben.

Jeweils eine kleine Schöpfkelle Teig ins Waffeleisen geben und die Waffel in 3 Min. goldgelb ausbacken. Mit Puderzucker bestreut servieren.

S SAFRAN (Crocus sativus L.)

Herkunft: Ursprünglich Vorderasien, jetzt hauptsächlich Spar (La Mancha), Südfrankreich, Italien, Griechenland Pakistan, Wallis (Schweiz)

Verwendete Pflanzenteile: Narbenfäden aus der Blüte

Inhaltsstoffe: Safranbitter Picrocrocin (toxische Wirkung bei gro Mengen)

Verfälschungen: Ringelblume, Frühlingskrokus, Saflordistel, Kurku wurzel

Angeboten als: Narbenfäden, Pulver

Aussehen: Gelborange bis dunkelrote Fäden oder Pulver

Geruch: Eigenartig an Jod oder Zahnarzt erinnernder Geru

Geschmack: Eigenartig, würzig-bitter, intensiv, auch nach Pilze oder Honig

Verwendung: Kuchen und Feinbackwaren, zum Würzen von Bou labaisse, Paella und Risotto.

Wirkung: Verdauungsfördernd, herzstimulierend

Einkaufstipp: Die beste Sorte ist spanischer Safran.

Anwendungstipps: Durch die starke Farbkraft kann Safran sehr spars verwendet werden. Safranfäden vorher in wenig w mem Wasser einweichen und zu den Speisen gebe Verfälschungen erkennt man durch die Wasserpro Safran färbt das Wasser stark, verfälschte Ware dag gen nicht.

Interessante Infos: Für ein Kilo Safran braucht man zwischen 400 000 und 800 000 Narbenfäden aus der Blüte, die in Ha arbeit geerntet werden. Daher ist Safran das meist fälschte Gewürz überhaupt. Je mehr weiße (taube) Fäden darunter sind, umso schlechter ist die Quali Vorsicht vor »Schnäppchen« im Basar oder auf To tenmärkten!

afran-Reis

Zutaten (4 Personen)

50 g Cashew-Kerne
1 EL Sesamöl
2 TL Schwarzkümmelsamen
1/2 Stange Ceylonzimt
1 Lorbeerblatt
5 ganze Kardamomkapseln
250 g Basmati-Reis
700 ml Gemüsebrühe
2 Msp. Safran gemahlen oder 4–5 Fäden
1 TL Salz

Zubereitung:

Cashewkerne grob hacken und beiseite stellen. Sesamöl erhitzen. Schwarzkümmel, Zimtstange, Lorbeerblatt und Kardamom dazugeben, unter Rühren 1 Min. andünsten. Dann gehackte Cashewkerne und Reis zufügen, etwas rösten und mit Gemüsebrühe ablöschen. Einmal aufkochen lassen, Safran und Salz dazugeben und auf kleiner Stufe ausquellen lassen. Vor dem Servieren Zimtstange und Lorbeerblatt entfernen.

SCHABZIGERKLEE (Trigonella caerulea L.

Herkunft: Anbau in Deutschland und der Schweiz

Verwendete Pflanzenteile: Junge Blätter

Inhaltsstoffe: Bitterstoffe, ätherische Öle

Angeboten als: Getrocknete Blätter gerieben, Reibekäse gemahlen oder als Kegel

Aussehen: Kräftig grün bis dunkelgrün

Geruch: Stark-würzig, an Liebstöckel erinnernd

Geschmack: Aromatisch bis aufdringlich, wie Liebstöckel

Verwendung: Zur Aromatisierung von Salaten, Dressings, Fondu (Glarner Fondue), Raclette

Wirkung: Appetitanregend. Vom Kloster Säckingen im 15. Ja hundert als Mittel gegen Appetitlosigkeit empfohle

Einkaufstipp: Schabziegerklee gibt es nur in Spezialgeschäften. I Lebensmittelhandel findet man den Glarner-Kräut käse, der sehr intensiv schmeckt und den man ans der geriebenen Blätter gut verwenden kann.

Anwendungstipps: Äußerst sparsam verwenden, sonst überdeckt das dringliche Aroma den Geschmack der Speisen! En der man mag ihn oder nicht. Deshalb vorher unbedingt versuchen.

Interessante Infos: Wie Bockshornklee, bei dem die Samen verwendet werden, ist Schabziegerklee eine Steinkleeart. Beka wurde Schabziger vor allem durch den im Glarnerl (Schweiz) seit Menschengedenken erzeugten kegel migen Ziegerkäse. Der Glarner Zieger wird seit 146 sogar nach »Qualitätsregeln« des Klosters Säcking hergestellt und ist eigentlich der älteste Markenart der Welt.

Zucchini-Quiche

Zutaten (für 1 Springform)

FÜR DEN TEIG:
250 g Mehl · 1/2 TL Salz · 1 Ei
125 g kalte Butterflöckchen
FÜR DEN BELAG:
50 g geriebener Parmesan · 400 g Quark (20% Fett i. Tr.) · 2 Eier · 1 Eigelb · 2–3 gehackte Knoblauchzehen · 600 g geraffelte Zucchini · 150 g getrocknete, gewürfelte Tomaten · Salz · schwarzer Pfeffer
1 gestrichener TL Schabzigerklee
6 TL Sonnenblumenkerne · Fett und Semmelbrösel für die Form

Zubereitung:

Das Mehl mit dem Salz mischen, mit dem Ei und der Butter zu einem glatten Teig verkneten. Den Teig zugedeckt 1 Std. kühl stellen. Für den Belag den Parmesan mit Quark, Eiern, Eigelb und Knoblauch gut verrühren. Die Zucchini und Tomaten unterheben und alles mit Salz, Pfeffer und Schabzigerklee pikant abschmecken. Den Backofen auf 180° vorheizen.

Eine Springform ausfetten und mit Semmelbröseln ausstreuen.

Den Teig dünn ausrollen und eine Springform damit auskleiden. Den Belag auf den Teig geben, mit den Sonnenblumenkernen bestreuen und im Backofen (Mitte, Umluft 160°) 40–50 Min. backen.

Vor dem Anschneiden 10 Min. ruhen lassen.

SCHWARZKÜMMELSAMEN (Nigella sativa

Herkunft:	Nordafrika, Vorderasien
Verwendete Pflanzenteile:	Samen
Inhaltsstoffe:	Ätherische Öle, Bitter- und Gerbstoffe, fettes Öl
Angeboten als:	Ganze Samenkörner
Aussehen:	Schwarzbraun, etwas kleiner als Kümmelsamen
Geruch:	Aromatisch, kümmelartig
Geschmack:	Würzigscharf, nach Pfeffer und Kümmel
Verwendung:	Wie Kümmel, als Brotgewürz, zu Salaten und Dressings, gemahlen zu Käsegerichten. Auch zu Pasteter und Gemüsegerichten. Früher auch als Kümmelers oder zur Verfälschung von Kümmel benutzt.
Wirkung:	Magensaftanregend, Mittel gegen Blähungen, immu stärkende Wirkung vermutet. Die spektakulären He erfolge bei Allergikern und Asthmatikern führt ma auf die mehrfach ungesättigten Omega-6-Fettsäure im Schwarzkümmelöl zurück. In Nordafrika gegen Herzbeschwerden und gegen Lungenleiden. Dem Schwarzkümmelöl wird wegen seines hohen Gehalt an Alpha-Linolensäure, einer Fettsäure, eine innerli che und äußerliche Wirkung auf den Hautzustand und bei Neurodermitis nachgesagt.
Einkaufstipp:	Schwarzkümmel gab es bisher nur in Spezialgeschä ten, ist aber wegen der zahlreichen Presse- und Buc veröffentlichungen mehr und mehr auch im Lebens mittelhandel und an Gewürzständen der Wochenmärkte erhältlich.
Anwendungstipps:	Ganze Körner vor dem Verwenden mahlen oder im Mörser zerstoßen.
Historisches:	Schwarzkümmel war im Altertum eine begehrte Gewürzpflanze. Man fand sie neben anderen Gewür zen auch als Grabbeigabe in Pharaonengräbern.

ndischer Paprika-Kartoffel-Topf

Zutaten (4 Personen)

500 g Paprikaschoten
300 g Zwiebeln
600 g Kartoffeln
4 EL Olivenöl
200 g saure Sahne
1 1/2 TL Schwarzkümmelkörner
1/2 TL Cayennepfeffer
1/2 TL Curry

Zubereitung:

Paprikaschoten putzen, waschen und grob würfeln. Zwiebeln und Kartoffeln schälen, waschen und ebenfalls grob würfeln. Das Öl erhitzen und zuerst die Zwiebeln, dann Kartoffeln und Paprika anbraten, bei Bedarf etwas Wasser zufügen und unter Rühren in 20 Min. gar dünsten. Zum Schluss die saure Sahne und die Gewürze dazugeben und auf der ausgeschalteten Herdplatte noch 3 Min. ziehen lassen.

SENFSAAT (Sinapis alba, Brassica nigra L.)

Herkunft: Mitteleuropa, Polen, Russland, China, Südamerika

Verwendete Pflanzenteile: Samenkörner

Inhaltsstoffe: Senfölglycoside (Scharfstoffe), fettes Öl, Eiweiß, Lin-säure

Verfälschungen: Samen von Raps und Rübsen

Angeboten als: Ganze Körner, Senfmehl

Aussehen: Je nach Sorte hellgelb bis gelbbraun, 1–3 mm große Kugeln

Geruch: Typisch senfartig-aromatisch

Geschmack: Typisch senfartig, brennend-scharf

Verwendung: Zum Einlegen von Gurken und Sauerkonserven, zu Bratensaucen, gemahlen für Senf und Gewürzpaste

Wirkung: Appetitanregend, verdauungsfördernd, sekretionsfördernd, schleimlösend. In der Volksheilkunde innerlich gegen Magen-Darm- und Leber-Galle-Beschwerden, äußerlich als Senfpflaster bei rheumatischen Beschwerden oder als Senfsäckchen gegen Halsschmerzen. Schon im alten Ägypten als desinfizierendes Mittel gegen Verdauungsstörungen bekannt.

Einkaufstipp: Senfkörner sind lange lagerfähig, daher lohnen auc Großpackungen. Senfmehl nur in kleinen Mengen kaufen, da die Schärfe sich schnell verflüchtigt.

Anwendungstipps: Senfmehl eignet sich hervorragend zum Bestreiche von Braten und Grillfleisch. Senfkörner im Mörser frisch zerstoßen eignen sich als würzige Kruste vo Braten und Steaks.

Interessante Infos: Senf hergestellt aus frisch gemahlener Senfsaat (Zu tenliste) ist qualitativ wesentlich besser in der Wür kraft als solcher aus bereits gemahlenem Senfmeh

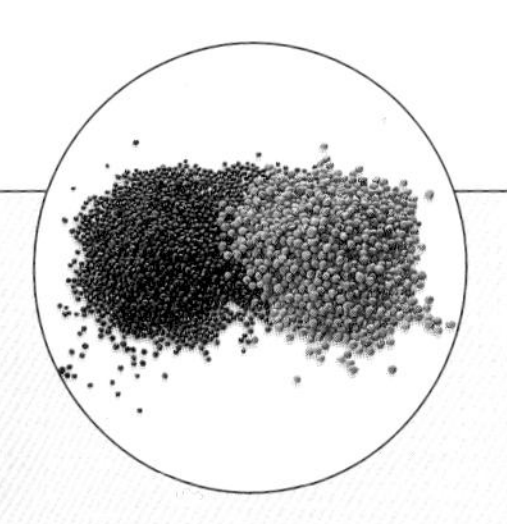

REZEPT

Blumenkohl-Kartoffel-Pfanne

Zutaten (4 Personen)

350 g Kartoffeln
450 g Blumenkohl
1 Zwiebel
1 Knoblauchzehe
2 EL Olivenöl
1 TL Senfsaat, ganz
1 TL Kreuzkümmel
1 TL Korianderkörner
3 Msp. Cayennepfeffer
2 reife Tomaten
75 g saure Sahne

Zubereitung:

Die Kartoffeln schälen und in größere Stücke schneiden. Blumenkohl in mundgerechte Röschen teilen. Zwiebel und Knoblauch schälen und fein würfeln. Das Olivenöl erhitzen, Senfsaat, Kreuzkümmel und Koriander 1 Min. unter Rühren darin andünsten, bis die Körner duften. Zwiebel, Blumenkohl und Kartoffeln dazugeben und 3 Min. mitdünsten. Mit 1/4 l Wasser ablöschen. Knoblauch und Cayennepfeffer unterrühren und 15 Min. bei schwacher Hitze kochen lassen. Inzwischen die Tomaten enthäuten, würfeln und mit der sauren Sahne vermengen. Noch 2 Min. auf der ausgeschalteten Herdplatte ziehen lassen. Mit Blattsalaten servieren.

Sesamsamen (Sesamum indicum, Sesamum orientale

Herkunft: Indien, Kleinasien, Afrika, Mittel- und Südamerika

Verwendete Pflanzenteile: Samen

Inhaltsstoffe: Fettes Öl mit Sesamin

Angeboten als: Ganze Körner geschält und ungeschält

Aussehen: Flache oder rundliche Körner ca. 1,5–4 mm lang, gelbrot, braun oder schwarz

Geruch: Geruchlos, geröstet angenehm aromatisch

Geschmack: Schwach, geröstet angenehm aromatisch, ungeschäl leicht bitter

Verwendung: Geröstet zum Aromatisieren für Feinbackwaren un Brot, zu Müsli, zu Salaten und Süßspeisen. Für die Fernost- und Tex-Mex-Küche. Mit Meersalz im Verhältnis 1:7 zur Herstellung von Gomasio.

Wirkung: Sesamsamen sind sehr mineralstoffreich, deshalb ideal für Haut und Haare. Wichtig bei makrobiotisc Ernährung. In der ägyptischen Heilkunde wurde Sesamöl zur Behandlung innerlicher und äußerlich Krankheiten verwendet.

Einkaufstipp: Achten Sie auf gleichmäßiges Aussehen der Körner Form und Farbe. Das ist meist die bessere Ware.

Anwendungstipps: Körner in wenig Fett oder in einer beschichteten Pfanne leicht anrösten, nicht anbrennen lassen!

Interessante Infos: Sesam ist wichtig für die japanische und indonesis Küche. »Goma« ist in der japanischen Küche der Sa melbegriff für gelbe und schwarze Sesamkörner.

Garnelen mit Wokgemüse

Zutaten (4 Personen)

250 g Möhren
300 g Broccoliröschen
250 g Champignons
500 g ungekochte, geschälte Riesengarnelen
3 EL Sojasauce
2 EL Zitronensaft
3 EL Crème fraiche
Salz, schwarzer Pfeffer aus der Mühle
4 EL Sesamöl
3 EL Sesamsamen

Zubereitung:

Möhren schälen, waschen und in feine Scheiben schneiden. Broccoli waschen. Champignons putzen, blättrig schneiden. Garnelen waschen und abtropfen lassen.

Sojasauce, Zitronensaft, Crème fraiche, Salz und Pfeffer verrühren. Das Öl im Wok stark erhitzen. Garnelen darin portionsweise etwa 10 Sek. rundum anbraten, bis sie weiß sind. Sesamsamen dazugeben, salzen, pfeffern, herausnehmen.
Möhren und Broccoli im übrigen Öl etwa 3 Min. pfannenrühren. Champignons hinzufügen und alles weitere 5 Min. garen. Mit der Sauce ablöschen, Garnelen unterrühren und alles zugedeckt noch 3 Min. gar ziehen lassen.

STERNANIS (Illicium verum L. D. HOCK)

Herkunft: Südchina, Philippinen, Japan, Thailand, Karibik

Verwendete Pflanzenteile: Früchte und Samen

Inhaltsstoffe: Ätherisches Öl (Sternanisöl), fettes Öl, verschiedene so genannte Carbonsäuren

Verfälschungen: Shikimmifrüchte (giftig!), Fruchtstiele

Angeboten als: Ganze Samen, gemahlen

Aussehen: Kleine sternförmige, holzartige, rotbraune Sammelfrüchte mit sechs bis acht hell- bis mittelbraunen glänzenden, elliptisch geformten Samen, ca. 5–8 mr lang

Geruch: Kräftig-aromatisch, anisartig

Geschmack: Süßlich-würzig nach Anis (obwohl nicht verwandt)

Verwendung: Weihnachtsbäckerei, für Pflaumenmus und andere Marmeladen, zum Würzen von Kompott, Süßspeise und Pudding, mit Zimt und Nelken als Glühweingewürz

Wirkung: Ähnlich Anis, blähungstreibend, magenberuhigend

Einkaufstipp: Wegen der möglichen Verwechslungen oder Verfälschungen mit der ähnlich aussehenden Shikimmifrucht in den Ursprungsländern keinen Sternanis a Touristenmärkten oder in Basaren kaufen. Nur kontrollierte und verpackte Ware von bekannten Gewü herstellern kaufen.

Anwendungstipps: Körner vor dem Gebrauch mahlen oder im Mörser zerstoßen. Als Glühweingewürz ganze Frucht verwe den, das sieht schöner aus. Sternanis kann anstelle von Anis verwendet werden. Er würzt etwas feiner.

Historisches: Sternanis war schon vor 3000 Jahren in China als Gewürz bekannt, wurde aber erst im 16. Jahrhunde von Seefahrern nach Europa gebracht.

Schneller Gewürzkuchen

Zutaten (für 1 Backblech)

150 g Butter oder Margarine
150 g Zucker
3 Eier
400 ml Dickmilch
400 g Mehl
100 g Speisestärke
1 Päckchen Backpulver
2 TL gemahlener Sternanis
3–4 TL gemahlener Zimt
2 EL Kakao
75 g gehackte Mandeln
Backpapier für das Backblech

Zubereitung:

Den Backofen auf 200° vorheizen. Ein Backblech mit Backpapier auslegen. Das Fett mit Zucker und Eiern schaumig rühren, die Dickmilch dazugießen und unterrühren. Mehl, Stärke, Backpulver, Gewürze und Kakao dazugeben und gut verrühren. Die Mandeln unterheben. Den Teig auf das Backblech streichen und im Backofen (Mitte, Umluft 180°) 15 Min. backen.

Tandoori Masala (Würzmischung)

Herkunft: Indien

Verwendete Pflanzenteile: Kreuzkümmel, Koriander, Cayennepfeffer, evtl. Kurkumapulver

Inhaltsstoffe: Scharfstoffe, ätherische Öle

Angeboten als: Fertigprodukt in Asienläden

Aussehen: Orange-rotes Pulver

Geruch: Aromatisch

Geschmack: Aromatisch-scharf

Verwendung: Indische Gerichte, bevorzugt zu Reis

Wirkung: Appetitanregend

Anwendungstipps: Man kann Tandoori Masala selbst herstellen aus je einem Drittel der drei Hauptbestandteile. Einfach im Mixer oder Mörser zerkleinern.

Interessante Infos: Tandoori ist eine spezielle Art der Zubereitung von Speisen, deren Ursprung in Indien liegt. Gegart wird auf Spießen im Tandoori-Ofen, ursprünglich aus Lehm gebaut. Durch die große Hitze bräunen die Speisen außen sehr schnell, sodass sie innen saftig bleiben. Serviert werden sie mit der Würzmischung Tandoori-Masala.

Tandoori-Gemüse

Zutaten (4 Personen)

1 kleine Aubergine (200 g)
1 1/2 TL Salz
1 Zucchino (250 g)
1 Kohlrabi (250 g)
1 Zwiebel
1 EL Butter
1 EL Tomatenmark
1 TL Speisestärke
1 1/2 TL Tandoori Masala
1/2 TL Delikatess-Paprika

Zubereitung:

Die Aubergine putzen, waschen, in Scheiben schneiden, mit 1 TL Salz bestreuen und 10 Min. ziehen lassen. Dann mit einem Küchentuch trockentupfen. Zucchino putzen, waschen und ebenfalls in Scheiben schneiden. Kohlrabi putzen, waschen und in Würfel schneiden. Zwiebel schälen und fein würfeln. Die Butter in einem Topf zerlassen, zuerst Zwiebel andünsten, dann das restliche Gemüse zufügen und noch 5 Min. mitdünsten. 150 ml Wasser angießen, Tomatenmark dazugeben und fertig garen. Zum Schluss die Speisestärke mit 50 ml Wasser anrühren, zum Gemüse geben, einmal aufkochen lassen und mit den Gewürzen abschmecken.

VANILLE (Vanilla planifolia G. JACKS)

Herkunft: Ursprünglich Mexiko, Madagaskar, Tahiti (aromati sche Sorte), Komoren, Fidji, Tonga, Seychellen, Haw

Verwendete Pflanzenteile: Fruchtkapseln (fälschlich: Schoten) gebrüht und getrocknet. Durch das Brühen beginnt der Ferment tionsprozess, der das Aroma freisetzt.

Inhaltsstoffe: Vanillin, Zimtsäure, Vitispirane (auch in Traubensa und Wein vorkommend), verschiedene Zucker

Verfälschungen: Synthetisches auf ausgelaugte Vanillestangen aufge sprühtes Vanillin

Angeboten als: Vanillestangen, gemahlen, echter Vanillezucker

Aussehen: Schwarze lange »Schoten« mit spitzen Enden

Geruch: Typisch vanilleartig, auch nach Zimt

Geschmack: Angenehm aromatisch

Verwendung: Für Süßspeisen, Speiseeis, Weihnachtsgebäck (Vani kipferln), Saucen, sehr sparsam auch für Fleisch- u Fischsaucen

Wirkung: Stimmungs- und kreislaufanregend. In der Volkshe kunde als Mittel gegen Depressionen, auch als Aph disiakum.

Einkaufstipp: Die in Milchprodukten als »Echte Bourbon-Vanille« beschriebenen schwarzen Teilchen sind meistens v der Aromaindustrie ausgelaugte gemahlene Vanille stangen; das Aroma ist synthetisch.

Anwendungstipps: Ein wenig echtes Vanillepulver in den Kaffeefilter o Kaffee »schiebt an« und ist gut gegen den toten Pu am Nachmittag. Vanillezucker kann man selbst her stellen, indem man eine Vanillestange einige Woche in einer Dose Streuzucker aufbewahrt und täglich bewegt.

REZEPT

Vanillekipferl

Zutaten (für 60 Stück)

100 g gemahlene Mandeln
250 g Mehl + Mehl für die Arbeitsfläche
1 Eigelb · 1 Prise Salz · 1 Vanilleschote ·
80 g Puderzucker · 200 g kalte Butter ·
4–5 EL feiner Zucker
2 Päckchen Vanillezucker
Butter zum Einfetten des Backblechs

Zubereitung:

Die Mandeln in beschichteter Pfanne ohne Fett leicht anbräunen und auskühlen lassen. Das Mehl auf die Arbeitsfläche geben und in die Mitte eine Mulde drücken. Eigelb, Salz, das ausgeschabte Vanillemark, den Puderzucker und die Mandeln sowie die Butter in Flöckchen zufügen. Alles mit einem großen Messer bröselig hacken und schnell zu einem glatten Teig verkneten. Den Teig mindestens 2 Std. im Kühlschrank ruhen lassen. Ein Backblech einfetten. Den Backofen auf 200° vorheizen. Teig portionsweise zu langen, dünnen Rollen formen. Diese Teigrollen in etwa 5 cm lange Stücke schneiden, zu Kugeln drehen und daraus Kipferl rollen, die sich an den Enden verjüngen. Die Enden jeweils zur Mitte biegen und vorsichtig aufs Backblech geben. Kipferl im Backofen (Mitte, Umluft 180°) 12-15 Min. backen. Inzwischen den Zucker und den Vanillezucker mischen. Die Kipferl noch heiß im Zuckergemisch wenden.

W

WACHOLDER (Juniperus communis L.)

Herkunft: Heide- und Berglandschaften in Mitteleuropa, Eur sien, Afrika und Amerika

Verwendete Pflanzenteile: Beeren

Inhaltsstoffe: Ätherisches Öl (Wacholderöl), Terpene, Invertzuck (natürliches Zuckergemisch)

Angeboten als: Wacholderbeeren getrocknet, Wacholdersirup

Aussehen: Runzelige, erbsengroße blauschwarze Beeren

Geruch: Kräftig balsamisch

Geschmack: Würzig-süßlich, leicht bitter

Verwendung: Für Wild- und Fleischgerichte in Saucen. Macht Sa kraut und Kohlgerichte bekömmlicher, weil er Blähungen verhindert.

Wirkung: Desinfizierend, herzstärkend, entwässernd, verdau ungsfördernd, zur Unterstützung der Herz-Kreisla funktion, bei Altersherz, harntreibendes Mittel geg Prostataleiden. Auch als Aphrodisiakum in der Vol heilkunde bekannt. Nicht anzuraten in größeren M gen bei Nierenerkrankungen!

Einkaufstipp: Wacholdersirup (Feinkostläden oder Reformhäuse ist einfacher zu verwenden als Beeren und hält sic sehr lange. Grüne oder sehr stark eingeschrumpfte Beeren sind minderwertig.

Anwendungstipps: Bei Saucen unbedingt mitkochen, sonst Beeren vor im Mörser anquetschen.

Interessante Infos: Für Leute mit gesunden Nieren als Entwässerungs empfehlendswert: Mit einer Beere beginnen, acht T lang täglich verdoppeln und acht Tage wieder auf jeweils die Hälfte reduzieren. Entfernt im Gewebe e gelagertes Wasser.

Wacholder-Kasseler

Zutaten (4 Personen)

4 Zwiebeln
6 EL Olivenöl
400 g Sauerkraut
Salz
Pfeffer, frisch gemahlen
1/2 l Gemüsebrühe (Fertigprodukt)
4 Scheiben Kasseler (à 150–200 g)
8 TL Wacholderbeeren
2 TL Rosmarinnadeln

Zubereitung:

Die Zwiebeln schälen, fein würfeln und in 2 EL Olivenöl glasig dünsten. Das Sauerkraut klein schneiden oder zerpflücken und zu den Zwiebeln geben, salzen und pfeffern. Mit der Gemüsebrühe ablöschen und 30 Min. bei schwacher Hitze schmoren lassen. Inzwischen die Wacholderbeeren und die Rosmarinnadeln im Mörser zerstampfen. Die Kasselerscheiben leicht mit 2 EL Olivenöl einreiben, mit Wacholderbeeren und den Rosmarinnadeln auf beiden Seiten einreiben und andrücken. Im restlichen Öl 7–10 Min. braten und dabei einmal wenden. Zusammen mit dem Sauerkraut servieren. Dazu passen Salzkartoffeln.

W

Wasabi (Wasabi japonica L.)

Herkunft:	Ostasien
Verwendete Pflanzenteile:	Wurzel
Inhaltsstoffe:	Schwefelhaltiges ätherisches Öl (Allylsenföl)
Angeboten als:	Paste, Pulver, auch als japanischer Meerrettich bekannt
Aussehen:	Pulver hellgrün, Paste kräftig grün
Geruch:	Scharf, zu Tränen reizend
Geschmack:	Sehr scharf, frischer als Meerrettich
Verwendung:	Zu rohem Fisch und Sushi
Wirkung:	Appetitanregend, verdauungsfördernd, desinfiziere bei Verdauungsstörungen
Einkaufstipp:	Nur in Asienläden erhältlich
Anwendungstipps:	Wasabi pulverisiert mit Wasser zu einer Paste anrü ren. Ein paar Tropfen Sojaöl bringen einen interess ten Geschmack.
Interessante Infos:	Ein beliebtes japanisches Fischgericht ist Sashami: Rohe Fischstückchen werden in einen Dip aus Was pulver- oder Paste, angerührt mit etwas Sojaöl, getaucht.

REZEPT

·ushi mit Lachs

Zutaten (für 8 Stück)

160g Lachsfilet · 80 g Sushi-Reis · 1 EL japanischer Reisessig · 1 Prise Salz · 1 Prise Zucker · 2 TL Wasabi-Paste · Sojasauce und Wasabipaste zum Servieren

Zubereitung:

Das Lachsfilet in Alufolie wickeln und für 1 Std. ins Gefrierfach legen. Den Reis mit 100 ml Wasser aufkochen, in 10–20 Min. ausquellen lassen. Vom Herd nehmen, ein Küchentuch zwischen Topf und Deckel legen und den Reis noch 10 Min. quellen lassen. Essig, Salz und Zucker gründlich verrühren. Reis mit dem Essig beträufeln und abkühlen lassen. Mit einem feuchten Tuch abdecken, damit er nicht austrocknet.

Das Lachsfilet leicht schräg zur Faser gleichmäßig in 8 dünne Scheiben von ca. 3 x 5 cm schneiden, auftauen lassen. Eine Seite dünn mit Wasabipaste bestreichen. Den Reis mit angefeuchteten Händen zu acht länglichen Klößchen formen. Jeweils eine Scheibe Lachs auflegen, sodass der Reis bedeckt ist. Den Fisch an den Reis drücken.

Mit Sojasauce und Wasabipaste servieren.

Zimt (Cinnamomum verum J. S. PRESL)

Herkunft: Sri Lanka (früher Ceylon), Südindien, Seychellen, Madagaskar, Java, Sumatra, Philippinen, Brasilien, Westindische Inseln

Verwendete Pflanzenteile: Zimtrinde

Inhaltsstoffe: Ätherisches Öl (Zimtöl), Eugenol, Zimtsäure, Gerbstoffe

Angeboten als: Ganze Rinde, gemahlen, auch als Ceylonzimt im Handel

Aussehen: Von der Korkschicht befreite, getrocknete ineinand geschobene Rinde

Geruch: Angenehm aromatisch

Geschmack: Süßlich-würzig, angenehm brennend

Verwendung: Zum Würzen von süßen Backwaren, Kompotten, Süßspeisen, hervorragend zu süßen Pfannkuchen. Nelken und Sternanis als Glühweingewürz.

Wirkung: Appetitanregend, verdauungsfördernd, antibakteri stimmungsaufhellend. Die Sorte Kaneel wird in de indianischen Volksmedizin als Tonikum gegen allge meine Schwäche, Herz-Kreislaufbeschwerden, bei Höhenkrankheit und gegen Hals- und Kopfschmer eingesetzt.

Einkaufstipp: Die feinste und teuerste Zimtsorte ist der Ceylonzin Ganze Zimtstangen, erst kurz vor der Verwendung Mörser zerstoßen, sind gemahlenem Zimt, der aus Zimtbruch hergestellt wird, vorzuziehen.

Interessante Infos: Neben dem Ceylonzimt gibt es noch andere Arten w z. B. Kassia- oder Cassiazimt (Chinesischer Zimt), Mexikanischer Zimt, Seychellenzimt, die sich jeweil geschmacklich leicht unterscheiden. Hier lohnt das Ausprobieren bis man »seine« Sorte gefunden hat.

REZEPT

Schokoeis mit Zimtsahne und Granatapfelkernen

Zutaten (2 Personen)

1 Granatapfel
1 Vanilleschote
feines Schokoladeneis nach Appetit
200 g Sahne
1 TL Zucker
Zimtpulver nach Geschmack
2 EL Grenadine (Granatapfelsirup)

Zubereitung:

Zwei Teller kühl stellen. Den Granatapfel halbieren und die Samen mit einem Löffel herauslösen. Die Vanilleschote mit einem scharfen Messer längs halbieren und mit dem Messerrücken die schwarzen Samen herausschaben. Das Eis aus dem Gefrierfach nehmen, damit es etwas weicher wird. Die Sahne mit dem Zucker und dem ausgekratzten Vanillesamen steif schlagen.

Abwechselnd kleine Kugeln Schokoladeneis und kleine Sahnekleckse auf den Tellern anrichten, die Sahne und den Tellerrand mit gemahlenem Zimt bestäuben, Grenadine darüber träufeln und mit den Granatapfelkernen bestreut servieren.

Z Zitronengras (Cymbopogon citratus STAF

Herkunft: Indien, Sri Lanka, , Brasilien, Westafrika

Verwendete Pflanzenteile: Blätter

Inhaltsstoffe: Ätherisches Öl mit Citral, Geraniol und anderen Aromastoffen

Angeboten als: Frische Stangen, getrocknete Blätter oder Blattstück

Aussehen: Dunkelgrüne getrocknete Blätter 25 cm lang oder kürzer geschnitten

Geruch: Aromatisch-zitronig

Geschmack: Angenehm nach Zitronen

Verwendung: Zum Würzen von nicht zu kräftigen Fleisch- und Fischgerichten, für Suppen, Dressings und Gemüsegerichte, zu Süßspeisen und Desserts

Wirkung: Appetitanregend, stimulierend. In der indianischen Volksmedizin gegen Fieber und als stimmungsaufhellendes Mittel.

Einkaufstipp: Getrocknet luft- und lichtdicht in Gewürzgläschen aufbewahren, damit sich die ätherischen Öle nicht verflüchtigen.

Anwendungstipps: Zitronengras erst kurz vor der Verwendung zerkleinern und mitkochen.

Interessante Infos: Zitronengras hat nichts mit Zitronen zu tun. Die Bezeichnung stammt vom zitronenähnlichen Geruch der ätherischen Öle, die auch in der Zitronenfrucht enthalten sind.

REZEPT

Rotbarschfilet im Gemüsebett

Zutaten (4 Personen)

375 g Zuckererbsen
300 g Blumenkohl
450 g kleine neue Kartoffeln
4 EL Öl
250 ml Gemüsebrühe
3 TL Majoran
1 TL Paprika edelsüß
Salz
800 g Rotbarschfilet
2 Stängel Petersilie
2 TL Curry
2 TL Zitronengras

Zubereitung:

Zuckererbsen und Blumenkohl putzen und waschen. Kartoffeln waschen und mit einer Gemüsebürste gründlich reinigen. Blumenkohl in Röschen zerteilen, Kartoffeln vierteln und in der Hälfte des Öls anbraten. Das restliche Gemüse dazugeben, mit Gemüsebrühe ablöschen und in 10 Min. fertig garen. Mit Majoran, Paprika und Salz abschmecken. Rotbarschfilet in grobe Würfel schneiden und im restlichen Öl von beiden Seiten hellbraun anbraten. Mit Curry, Zitronengras und Salz würzen, nochmals wenden und auf das Gemüse geben. Petersilie von den Stängeln zupfen, hacken und darüber streuen

Zitronenpfeffer (Würzmischung)

Verwendete Pflanzenteile: Schwarzer Pfeffer, Knoblauch, Zwiebeln, Zitronensäure, natürliches Zitronenaroma, Saccharose, Dextrin, 17% Speisesalz

Angeboten als: Gewürzsalz

Geschmack: Aromatisch-säuerlich, nach Zitrone

Verwendung: Zum Würzen von Fischgerichten, Meeresfrüchten, Schnitzeln, Steaks, Saucen und Salaten

Einkauftipps: Es wird auch Zitronenpfeffer ohne Salz nur auf Basis von Pfeffer und Zitronensäure angeboten.

Anwendungstipp: Salzen nicht mehr nötig!

Tunfisch-Snack

Zutaten (4 Personen)

1 rote Paprikaschote
1 Dose Tunfisch im eigenen Saft (210 g)
1 Bund Dill
4 Scheiben Toastbrot
4 EL Kräuterfrischkäse (Doppelrahmstufe)
Pfeffer · Paprika edelsüß
3–4 Prisen Zitronenpfeffer
4 Scheiben Emmentaler (etwa 100 g)

Zubereitung:

Den Backofen auf 220° vorheizen. Die Paprikaschote putzen, in dünne Scheiben schneiden.
Den Tunfisch abtropfen lassen und zerpflücken. Den Dill waschen, trockenschütteln, 1 Zweig zum Garnieren beiseite legen, den Rest klein schneiden. Dill und Tunfisch mit dem Kräuterfrischkäse mischen, mit Pfeffer, Paprikapulver und Zitronenpfeffer abschmecken und auf die Toastscheiben verteilen. Die Paprikaspalten schuppenartig auf den broten verteilen. Die Käsescheiben in Streifen schneiden und gitterförmig auf die Brote legen.
Die Toasts auf der mittleren Schiene des Backofens etwa 5 Min. überbacken, bis der Käse beginnt zu zerlaufen und goldgelb bräunt. Mit dem Dill garnieren und sofort servieren.

Gewürze und Kräuter

sind Pflanzenteile, die wegen ihres natürlichen Gehaltes an natürlichen Inhaltsstoffen als geschmacks- und/oder geruchgebende Zutaten zu Lebensmitteln bestimmt sind. Hier handelt es sich um unbehandelte natürliche Gewürze.

Gewürzmischungen

sind Mischungen ausschließlich aus naturbelassenen Gewürzen (z. B. Kräuter der Provence, Gulaschgewürz).

Gewürzzubereitungen

sind Mischungen aus einem oder mehreren Gewürzen mit anderen geschmacksgebenden und/oder -beeinflussenden (z. B. durch Glutamat) Zutaten, die auch technologischen Zwecken dienen (z. B. Chemikalien als Rieselzusatz bei Salz). Auch Gewürzaromen sind bei Gewürzzubereitungen zugelassen. Ebenfalls dürfen solche Produkte mit billigen Füllstoffen aus Leguminosen (Hülsenfruchtmehl) gestreckt werden.

Gewürzaromazubereitungen

Hierbei sind Gewürze ganz oder teilweise durch Gewürzaromen ersetzt.

Würzmischungen

Mischungen aus Geschmacksverstärkern, Speisesesalz, Zuckerarten oder andere Trägerstoffe, die weitere Würzen, Hefe, Gemüse, Pilze, Kräuter und Kräuterextrakte sowie Aromen enthalten können (z. B. Curry-Würze, Pizza-Würze).

Würzen

Mit Würzen bezeichnet man Hydrolysestoffe (durch Spaltung chemischer Verbindungen unter Wasseraufnahme hergestellt), die den Geschmack von Suppen, Fleischbrühen u. a. Lebensmitteln beeinflussen. Bezeichnungen dafür sind z. B. Speisewürze, Suppenwürze, Sojasauce.

Würzsaucen

Zubereitungen mit ausgeprägt würzigem Geschmack aus zerkleinerten und/oder flüssigen Zutaten: Chutney, Sambal, Tabasco, Worcestersauce, Sojasaucen.

Curry

Mischungen eigener Art aus Kurkuma mit anderen Gewürzen. Guter Curry besteht zu 100 % aus natürlichen Gewürzen. Curry kann auch Speisesalz und andere Stoffe wie Hülsenfruchtmehl, Getreidemehl, Stärke oder Dextrose (Zuckerart) enthalten. In diesem Fall muß der Anteil echter Gewürze 85 % betragen.

Anhaltend beliebt: Würzsaucen

Neben den festen Gewürzen und frischen Gewürzkräutern sind im Haushalt und in der Gastronomie diverse Gewürzsaucen äußerst beliebt. Wir beschränken uns auf die bekannten Würzklassiker in Flaschen, die traditionell seit langem ihren Platz in deutschen Küchen haben, oder die im Rahmen der Ethnowelle aus fremden Küchen kommen.

Angostura-Bitter

Der aromatische Bitter fehlt in keiner klassischen Hotelbar und ist neuerdings immer öfter auch in der häuslichen Küche anzutreffen. Er wurde im Jahr 1824 von einem Dr. J. G. B. Siegert in der venezolanischen Stadt Angostura erfunden und ganz einfach nach der Stadt benannt. Das Original des kleinen Fläschchens, in einen Zettel mit mehrsprachigen Ursprungsbeschreibungen gehüllt, wird noch immer von Dr. J. G. B. Siegert & Sons Ltd. erzeugt und exportiert. Es sieht noch genauso aus wie vor etwa 150 Jahren.
Das leckere Gebräu mit dem starken aber angenehmen Bittergeschmack ist ein mit Zucker versüßter alkoholischer Extrakt aus Chinarinde sowie Enzianwurzel, Pomeranzenschalen und verschiedenen Gewürzen, vor allem Zimt, Kardamom und Nelken.
Barkeeper geben in die Mehrzahl ihrer klassischen Drinks immer einen »Dash« Angostura. Im Haushalt lässt sich der Bitter vielfältig verwenden: Er gibt Suppen, Fleisch- und Fischsaucen den gewissen Kick und kann langweilige Gemüsegerichte attraktiver machen. Sogar in Obstkompotten und Desserts schafft ein Spritzer Aha-Erlebnisse.

Worcestershire–Sauce

Diese exzellente Würzsauce bringt in deutschen Restaurants sowohl Laien als auch Profi-Feinschmecker oft in arge Verlegenheit. Ob man »Wuustersauce«, oder »Worschestersauce« bestellt, wird der Ober missbilligend auf die richtige Aussprache hinweisen. Nur die echte »By appointment to her Majesty the Queen«

schreibt sich »Worcestershire-Sauce« (Lautschrift: Wuustershieer) und stammt aus der englischen Grafschaft Worcestershire. Nur Nachahmungen – und die sind allesamt schlechter – schreiben Worcestersauce. »The original & genuine« wird seit 1837 von Lee & Perrins Ltd., Worcester, hergestellt und reift drei Jahre, bis sie in den Handel kommt. Sie wird traditionell hergestellt aus Essig, Zuckerrohrmelasse, Zucker, Salz, Sardellen, Tamarinde, Schalotten, Knoblauch, diversen Gewürzen und Aromastoffen.
Allgemein wird in der Feinschmeckerküche und der guten Gastronomie die echte L & P zu Suppen, Saucen, Eintöpfen, Geflügel, Fisch und Eierspeisen verwendet.

Sojasauce

Sojasaucen wanderten mit dem Fortschreiten der fernöstlichen Kochtöpfe nach Mitteleuropa. Als Zutaten sind nur Wasser, Sojabohnen, Weizen und Meersalz angegeben. Diese wohlschmeckende Sauce, die neben der fernöstlichen Küche auch in deutschen Saucen und Reisgerichten aller Art sowie Fleisch- und Fischgerichten ihren festen Platz finden könnte, wird von einzelnen Herstellern immer noch nach traditioneller Art vergoren.
Im Prinzip ähnlich, aber anders im Geschmack, sind die indonesischen Sojasaucen, die es auch in unseren Geschäften gibt: Ketjap Manis ist eine dicke, süße Sauce, Ketjap Asin dagegen eine dünne, salzig schmeckende.

Tabasco

So heißt der wohl bekannteste »Schärfer« in der Küche. Der Name deutet auf die ursprünglich indianische Herkunft hin und bedeutet »Land, in dem die Erde feucht ist«. Die leicht salzige und äußerst scharfe Würzsauce wird aus den 2–4 cm langen mexikanischen Tabasco-Chilis hergestellt, deren Samen 1868 von heimkehrenden Soldaten nach Louisiana gebracht wurden. Das Original wird heute noch von der Mc Ilhenny Companie auf Avery Island, Louisiana, aus eigens dort angebauten Chilis, Essig und Salz hergestellt und drei Jahre in Eichenfässern gereift. Mittlerweile gibt es eine Fülle von Nachahmungen, die unter dem Namen Louisiana-Sauce segeln. Ein winziger Spritzer Tabasco langt meist, um Gerichten einen Schärfe-Kick zu geben. Leute mit schwachem Magen sollten die Sauce, wie alle Scharfstoffgewürze, meiden.

Tomatenketchup

Die wohl bekannteste Würzsauce, die vor allem bei Kindern und Fast-Food-Liebhabern ihre Anhänger findet, enthält leider sehr viel weniger Tomaten, als man vom Namen her erwarten könnte. Neben einem mehr oder weniger bescheidenen Anteil von dem als »sonnengereift und fruchtig« ausgelobtem Tomatenmark, besteht die rote Galerte vor allem aus nicht unerheblichen Mengen Zucker, Wasser, Glukosesirup (ein anderer Ausdruck für Zucker), Stärke, Essig und diversen Verdickungsmitteln. Wer Natur pur will, macht sich seine Tomatensauce für die Pommes besser selber aus frischen Tomaten.

Gewürzmischungen

Diese fertig gemischten Gewürze sind nach wie vor Verkaufsstars im Lebensmittelhandel. Sie geben dem Essen einen typischen »Grundgeschmack« und sind unkompliziert anwendbar. Eines sind sie allerdings selten: von höchster Qualität. Am besten stellt man seine eigene Mischung aus guten Einzelmischungen zusammen und nimmt sich auch im Küchenalltag die Zeit, sein Essen mit Liebe zu würzen.

	Das sind die Renner
RÄUTER DER ROVENCE	Basilikum, Bohnenkraut, Oregano, Ysop, Lavendel, Tymian
IZZA-GEWÜRZ	Oregano, Basilikum, Rosmarin, Thymian
EBKUCHENGEWÜRZ	Kardamon, Anis, Sternanis, Zimt, Piment
LÜHWEINGEWÜRZ	Nelken, Kardamon, Zimt, Sternanis
URKENGEWÜRZ	Dill, Borretsch, Liebstöckel
ASTA-GEWÜRZ	Paprika, Tomatenpulver, Basilikum, Oregano, Thymian, Pfeffer, Rosmarin, Lorbeer, Muskatnuss
ASI-GORENG-EWÜRZ	Kurkuma, Cayennepfeffer, Muskatblüte, Ingwer, Piment, Koriander, Paprika
ILDEGARD-VON-INGEN-GEWÜRZ	Basilikum, Bohnenkraut, Liebstöckel, Ysop, Quendelkraut, Majoran, Kerbel, Petersilie, Galgantwurzel
ALATKRÄUTER	Dill, Sellerieblätter, Lauch, Koriander, Basilikum, Oregano, Zwiebel, Kerbel, Knoblauchpulver, Pfeffer
ARIBIK-MISCHUNG	Koriander, Knoblauch, Oregano, Chilipulver, Ingwer, Piment, Muskatnuss

Gewürzpasten

Bumbu Indonesische Würzpaste auf Basis von pürierten Zwiebeln mit Chili und Knoblauch. Je nach Gericht werden noch Zitronengras, Ingwer, Galgant, Lorbeerblätter zugegeben. Auf Bali heißen solche Pasten auch »Jankap«.

Curry-Paste Stark riechender, getrockneter Fisch und Garnelenpaste werden in Thailand mit Chilis, Knoblauch, Limettenblättern, Koriander und Kräutern, Wurzeln (Galgant, Kurkuma) zerstoßen und vermischt. Sehr scharf. Hat außer dem Namen wenig mit Curry gemein.

Hefeextrakt Die würzig schmeckende Würzpaste, hergestellt aus Bier- oder Melassehefen, wird wegen ihres hohen Vitamin-B-Gehaltes geschätzt.

Jerk Feurige karibische Würzpaste (Ursprung Jamaica) aus Chilies, Piment und verschiedenen Kräutern. Wird dort zum Marinieren von Fleisch und Geflügel verwendet.

Miso Die fernöstliche Soja-Reis-Gerstenpaste Miso, Grundbestandteil japanischer Frühstückskultur, ist etwas für echte Fans. Das Gebräu aus den genannten Zutaten, beimpft mit einer Pilzkultur, reift bis zu drei Jahren in Zedernholzfässern. Der Jahresverbrauch der Japaner beträgt stolze 7–8 Kilo pro Person. Die Paste dient zum Würzen diverser Gerichte.

SAMBAL Rote Gewürzpaste, die in Indien, Indonesien und Teilen Chinas zur Würzung von Reisgerichten und anderen Speisen benutzt wird. Sambals sind fester Bestandteil der indonesischen Reistafel. Sie bestehen aus mehreren scharfen Gewürzen, wie Chili, Knoblauch, Tamarindenmus, Krabben- und Fischpaste, Erdnüssen u. a. Bei uns ist die bekannte Sorte Sambal Oelek, hergestellt aus zerstoßenen Chilis oder Paprika mit Speisesalz und Rohrzucker. Die milde Variante von Sambal Oelek heiß Sambal Manis.

TAMARINDENMUS Wird auch indisches Dattelmus genannt. Es handelt sich um das Mark der Früchte eines ursprünglich aus Indien stammenden Baumes, der heute vor allem im tropischen Afrika kultiviert ist. Tamarindenmus ist heute besonders in der asiatischen und lateinamerikanischen Küche sehr beliebt. Es gibt verschiedene Sorten. Das westindische Tamarindenmus wird mit Zuckersirup hergestellt und schmeckt angenehm süßsauer. Das ostindische schmeckt weniger süß und besteht nur aus dem Mark. In vergorenem Zustand wird Tamarindenmus in Indonesien anstelle von Essig verwendet.

ZHOUG Für diese yemenitische Paste werden frische Chilies, Knoblauch, Kardamom, Korianderblätter, schwarzer Pfeffer zermahlen und mit Olivenöl zu einer Paste vermengt. In Deutschland schwer zu bekommen, findet man höchstens in Exotenshops in Großstädten.

Rezeptregister

Rezeptregister

DANK

Der Autor bedankt sich ganz herzlich bei Rainer Brecht, Inhaber der Gewürzmühle Brecht, der sich viel Zeit genommen hat, ihn in Fachfragen kompetent zu beraten.

Redaktion: Anne Lenk
Lektorat: Bettina Bartz
Umschlaggestaltung und Layout:
independent Medien-Design, München
Produktion: Helmut Giersberg
Satz und Layoutrealisierung: Buch & Grafik Design, Günther Herdin GmbH, München
Titelfoto: FoodPhotography Eising, München
Gewürzfotografie: Foodfoto Teubner; Karstjen Schüffler-Rohde: S. 95
Reproduktion: Repro Schmidt, Dornbirn
Druck und Bindung: Ludwig Auer GmbH

ISBN 978-3-7742-2018-8

9. Auflage 2008

Ein Unternehmen der
GANSKE VERLAGSGRUPPE